Lord Chesterfield's Letters to His Son

わが息子よ、君はどう生きるか

フィリップ・チェスターフィールド
東大名誉教授
竹内 均 訳・解説

三笠書房

CONTENTS

第3章

一生の友情をどう育てるか

——自分を伸ばす友人、引き立ててくれる人をどう見つけ、どうつき合うか。

第4章

自分の「意見」を持て

――自己主張のない人間は絶対に伸びない。判断力・表現力を身につける決め手。

第5章 「最高の人生」を送る日々の心がけ

——仕事（勉強）も遊びもしっかりやれ。

第6章

自分の「殻《から》」が固まらないうちにやっておくべきこと

――本をたくさん読みなさい。そして、とにかく「外」へ出てみなさい。

第7章

「人間関係」の秘訣

――人を陰でほめているか、気配りが自然にできているか。

第8章

自分の「品格」を養う

——学問ばかりが勉強ではない。

第9章 わが息子に贈る「人生最大の教訓」

——人間、タフでなければ生きられない。

第1章

わが息子へ

——「今この時をどう生きるか」が
君の人生を決める。

私は成人してから、よき師、友人に恵まれ、
いろいろの恩を受けたが、
そのだれにもまして父から受けた愛と教訓と模範が、
どんなにすばらしかったことか。

アーサー・バルフォア（政治家）

1 今こそ君の人生の基盤を固める時だ

君に何よりも知ってもらいたいことがある。それは、**時間の貴重さとその使い方**だ。これをほんとうに知っている人は少ない。だれもが口では、「時間は大切だ」と言う。けれど、大切に使っている人はほとんどと言っていいくらい見当たらない。

時間を平気でドブに捨てるようなことをしている人たちだって、時間はいかに貴重かとか、うっかりしているとあっという間に時は過ぎていくものだとか、口ではいろんなことを言っている。たしかに時間に関する格言はごまんところがっているので、それらを適当に拾って口にのせるのは簡単だ。

人々がこれほどまでに時間に関心を示すようになったのは、ヨーロッパのあちこちに設置された、あのよくできた日時計の影響を受けたためではないだろうか。毎日人々はあれを見て、時間をうまく使うことがどれだけ大切で、いったん失った時間を取り戻すのがどれだけ大変かを実感しているのだ。

けれどこういう訓戒も、単に頭で理解するだけでは十分ではない。身をもって人に教えられるだけのものを持っていなければ、ほんとうに時間の価値がわかり、使い方を知っているとは言えない。

その点、君の時間の使い方を見る限り、君は時間の貴重さがよくわかっていると思う。これはとても大切なことだ。わかっているといないとでは、これからの人生に天と地ほどの開きが出る。だから君には時間についてとやかく言うつもりはない。

けれどひとつだけ、これからの長い一生の一期間——これから先数年間のことだが——について少し話をさせてほしい。

まず**若いうちに知識の基盤をつくってほしい。**そうでなければ、**それ以降の人生を君の思い通りに生きることは難しい**と思う。**知識というものは、年を取った時の憩いの場となり、逃げ場となるものだ。**

今、この時間を無駄にすれば一生大きな悔いが残る

私は、退職後も本に囲まれて暮らしたいと思っているが、今こうやって、だれにも邪魔されずに本の楽しみに浸れるのも、もとはと言えば、君の年頃にしっかりとした気持ちで勉強したからだと思っている。

若い時に、ある程度知識を蓄えておいて良かったと思っている。といっても、遊んだ時間が無駄だったという意味ではない。**遊びは人生に彩《いろど》りを添えるものだし、若い人たちの喜びでもある。**私も、若い時はしっかり遊んだ。もしそうしていなかったら、今頃は遊びを過大評価していたにちがいない。人間は、自分の知らないことには、とかく興味を持ちたがるものだからね。

でも、幸いにして私は十分遊んだので、遊びとはどういうものかがわかっているし、後悔することもない。

それと同じで、私は仕事に費やした時間が無駄だったと思ったこともない。仕事を

外からしか見ない人は、それがすばらしいもののような気がして、自分もやってみたいと思うものだ。だが、実際はそんなものじゃない。それはやった人でなければわからない。

幸いにして、私は仕事にも遊びにも精通した。そばで見ていた人たちが驚嘆の声を上げ、ため息をつく、そんな遊びや仕事の裏側もよく知っている。だから、後悔するどころか、よかったと思っている。

でも、その私が唯一後悔し、これからも後悔するであろうことがある。それは、**若い時に何もしないで怠惰《たいだ》に過ごしてしまった時間のこと**である。

これからの数年間は、君の人生にとって大変重要な時期だ。だから、声をからして訴えたい。この期間を有意義に使ってほしい。**今、君が無為に過ごせば、その分だけ知識の量も減るし、人間形成のうえでも損失は大きい。反対に有意義に過ごせば、過ごした時間が蓄積されて、大きな利子となって返ってくる。**

この数年間で、君の勉学の基盤をつくるのだ。いったん基盤をつくれば、あとはいつでも好きな時に好きなだけ知識を上積みしていけばいい。やがて必要な時になってから基礎を固めようとしても、その時では遅すぎるのだ。

それに、**若い時に基盤をつくっておかないと、年を取った時に魅力のない人間になってしまう。**

私は、君がいったん社会に出たら、本をたくさん読めとは言わないつもりだ。だいいち、そんな時間などないだろう。よしんばあったとしても、もはや本ばかり読んでいられる身分ではないだろう。

だから、今が唯一の勉学の時、だれにも邪魔されずに心ゆくまで知識を蓄えられる時だ。

とはいっても、君だってたまには、本を前にしてうんざりしてしまうことがあるだろう。そんな時は、こう考えることだ。**これは通らなければならない道、一時間でも多く頑張れば、それだけ早く目的地に着く、それだけ早く自由になれる、**と。**早く自由になれるか否かは、ひたすら時間の使い方にかかっている**のだよ。

2

自己向上に「努力のしすぎ」はない

健康は、節制さえしていれば、君の年では何もしなくても十分保たれる。ところが頭はそうはいかない。君の年では特に、常日頃からの心がけ——時には、頭を休めるなどの物理的なものも含めて——が必要だ。**今のこの何分間かを有効に使うかどうかがポイントとなり、それが後々の頭の働きにかかわってくる。**

それだけではない。頭をはつらつとした健康な状態に持っていくには、相当な訓練が必要となる。訓練された頭脳とそうでない頭脳を比べてみるといい。そうしたら、君も自分の頭を訓練するためには、いくら時間をつぎ込んでも、いくら努力をしてもいいと思うんじゃないか。

もちろん、時には訓練などしないのに、自然の力だけで天才が出現することもあるにはある。でも、それはめったにあることではないので、当てにして待っているわけにはいかない。それに、もしそういう天才がさらに訓練を受ければ、もっと偉大になることは目に見えている。

だから、**まだ間に合ううちにしっかりと知識を蓄えておくよう、そのための努力を惜しまぬよう。**それができないならば、君は出世することはおろか、少しは見どころのある人間にだってなれないよ。

君の立場を考えてごらん。君には、出世の足がかりとなる地位も財産もない。この私だって、いつまで君の力になれるかわからない。たぶん、君が社会人になる頃には、私は退職しているだろう。

それなら、君は何に頼る？　何を当てにする？　自分の力以外にはないだろう。それが出世の唯一の道となるだろうし、またそうでなくてはならない。もちろん、君に力があればの話だが――。

私はよく、自分は優れた人間なのにつぶされた、報われなかったという話を耳にしたり、読んだりする。けれど、私の知っている限りでは、実際にそんなことはなかった。必ずと言っていいくらい、**どんな逆境にあっても、優れた人はある程度の成功を収めている。**

やがて社会で成功する日のために

「優れている」と私がここで言うのは、**広い知識と見識があり、そして態度も立派な人のことだ。**見識がどれだけ大切かは、いまさら言うまでもないだろう。ただひとつ言わせてもらうなら、見識を持たない人間は、寂しい人生を歩むことになる。知識についても、何度も言うようだが、自分が何を目指すにせよ、きちんと身につけておかなければならない。

態度は、今挙げた要素のなかでは、一番取るに足りないものかもしれない。でも、優れた人間になるためには欠かすことのできないものだ。**態度いかんで、知識や見識が輝きもするし曇りもする。**得やすくもなるし、得にくくもなる。そして、人を一番ひきつけるのも、残念ながら知識や見識ではなくて、その人の態度のあり様である。

私が折りに触れて書き送ってきたこと、そしてこれから書き送るであろうことに、どうかまじめに耳を傾けてほしい。それらは長い経験の末、私がたどり着いた知恵の結集だ。君に対する愛情の証《あか》しだ。私は、君以外のだれに対しても、助言を与えようという気は起こらない。

君はまだ、私が君のためを思っている気持ちの半分も、自分のために何かをすることはできない。だから、今は、私のアドバイスがどのように役に立つのかわからないだろうが、しばらくの間は辛抱して、私の言うことにただただ従ってほしい。そうすれば、いつか、私のアドバイスが無駄ではなかったことがわかる日が来るはずだ。

第 2 章

「人間の器」を大きくする生き方

——「人並み」で満足したら進歩はない。
大欲をかけ、 あとは意志の力、 集中力だ。

子どもには、批評よりも手本が必要である。

ジョセフ・ジューベール（哲学者）

1 「これといった努力をしない」で育つ大木はない

怠慢《たいまん》——これについて君に言っておきたいことがある。私の愛情は、君も知っての通り、やわな母親の愛情とはちがう。私は、子どもの欠点から目をそらすようなことはしない。欠点があれば、それを目ざとく見つける。それが、親としての私の義務であり、特権であると思っているからだ。一方、その指摘された点を改めようと努めるのが、息子としての君の義務であり、権利であると思うのだが、どうだろう。

幸いなことに、これまで私が見てきた範囲では、性格的にも頭脳的にも、君にはさしたる問題はない。ただ、少し怠惰なところと、注意力散漫なところと、無関心なところがあるような気がしている。そういうことは肉体的、精神的に衰えた老人ならいざ知らず——というのは、人生のたそがれを迎えた老人が、穏やかな余生を送りたいと願うのは、無理からぬ話だからね——若者にはけっして許されることではない。

若者は、人より抜きん出よう、輝こうとしなくてはならない。機敏で、行動的で、何をするにも根気強くなくては。シーザーも言ったように、「何かを生み出す行動でなければ、行動とは言えない」のだ。

君には、ほとばしる活気のようなものが欠けているように思えてならない。それがあってこそ、周りの人々を楽しませるよう努力するものだし、人より抜きん出よう、輝こうとするものだ。言っておくが、**尊敬に値する人間になりたいと思うなら、その願い、そのための努力をすることだ。**それをしないなら、けっして尊敬される人間にはなれない。これはほんとうだ。人を楽しませようと心を配らないなら、楽しんでもらうことなんかできないのと同じことだ。

人はだれでも、なろうと思うものになれると私は思う。ふつうの知力を持った人なら、能力を開発し、集中力を培《つちか》い、努力を怠《おこた》らなければ、詩人は別として、なりたいものになれる。

君は、**将来、めまぐるしく動く大きな社会の一員となる。そのために今しなければならないことは何か。**それは、**世界の動きや社会のしくみ、自国や世界の歴史など、将来役に立つことについて、知識を得ることだ。**ふつうの頭を持った人が、ふつうに力を注げば精通できることばかりだ。それができないというのは許されない。**自分で何をすればいいかがわかっているのに、それをしないのは怠慢以外の何ものでもないからだ。**

「もうひと押し」の欲がないから進歩がないのだ

怠慢な人というのは、物事を極める努力をしない。ちょっと難しかったり面倒だったりすると（ほんとうは、会得《えとく》したり体得したりする価値のあるものには、多少の困難や面倒はつきものなのに）、すぐにくじけてしまい、目的を達成する手前であきらめて、安直で、結果的には表面的でしかない知識を得たところで満足してしまう。たとえちょっとでも、我慢して努力しなければならないくらいならバカでいい、無知でいいというわけだ。

こういう人は、たいていのことを「できない」と考え、「できない」と言う。実際に、**真剣に取り組んでみれば、ほんとうにできないことなどそうたくさんはないのに。**

こういう人たちにとっては、「難しいことイコール不可能」なのだ。というより、自分の怠慢さの言い訳に、そう考えるふりをしているのだ。

かれらは、ひとつのことに一時間集中するのも苦痛だ。だから、どんなことでも、最初に受け取った通りに解釈する。いろんな方向から考えてみることをしない。結局、深く考えることをしないのだ。こういう人が、洞察力や集中力を兼ねそなえた人を相手に話を始めると、たちまち無知と怠慢が白日《はくじつ》のもとにさらされ、ちんぷんかんぷんの返答しかできなくなる。

だから、**最初に難しいな、面倒だなと思った時にくじけてはならない。逆に発奮《はっぷん》して、一人前の大人ならだれもが知っていなければならないことは、徹底的に知ってやるぞと心に言い聞かせてほしい。**

専門外の「常識」を知っておくことの大切さ

知識のなかには、ある特定の職業の人には必要で、そのほかの人には必要でないといったものもある。たとえば天文学のようなものは、表面的で一般的な知識だけで十分だろう。

けれど、どんな職業の人でも共通して知っておかなければならないことは、徹底的に知っておいたほうがいい。**外国語のひとつや歴史、地理、経済学の基礎知識、人生いかに生きるかの知恵といったものなど**がそうだろう。

これらをひと通り自分のものにするのは、なま易しいことではないし、少しは努力も必要だろう。けれど、一つひとつ、こつこつと取り組めばできないことはない。そして、それが結局は報われるのだよ。

繰り返して言うが、君には、愚かな人たちがよく口にする、「そんなことできない」という言い訳を使ってほしくないし、また、使わないと信じている。**精神的にも肉体的にも「できない」ことなどありはしない。**「ひとつのことに長時間集中できない」ということは、自分は馬鹿です、無能です、と言っているのと同じことなのだ。

2 小事をおろそかにしない人は必ず伸びている

世の中には、つまらないことで年がら年中忙しくしている人がいる。かれらは、何が重要で何が重要でないかがわかっていない。だから、大切なことに費やすべき時間と労力を、つまらないことにつぎ込んでいるのだ。こういう人は、だれかと会って話をしても、外見にだけとらわれ、相手の人格を見ない。劇を観に行っても、内容より外側の飾りに目を奪われてしまう。政治だって、政策云々《うんぬん》よりも、形式にこだわってしまう。これではどうしようもない。

ところが、同じささいなものでも、それがなければ、人から好感を持たれることも人を楽しませることもできないといったものがある。こういったものは、立派な人間になるために知識や見識を得よう、立派な態度も身につけようと思ったのと同じように、どんなにささいなものでも、努力して身につけるようにしたほうがいい。少しでも**やってみる価値があると思われるものは、立派に成し遂げるだけのことはある。そ**

して立派に成し遂げるには、何よりもまず、そのものに注意を傾けなければならない。
だから君に勧めたい。

たとえば、ダンスや服装のような、一見ささいなことにまで神経をいきわたらせるように。ダンスは、時と場合によっては、若者が心得ておかなければならないものになってきている。それならば、ダンスを習う時には、きちんとした気持ちで習うことだ。こんなもの、自分の将来とどんな関係がある、などと言って馬鹿にしてはいけない。服装だって同じことだ。人間は皆、服を着なければならない。それなら、きちんと着たほうがいい。

目の前の物事、人物から目をそらすな

ふつう注意力散漫と言われるような人は、一般的に言って頭の弱い人か、心がそこにない人である。どちらにせよ、一緒にいて楽しくないことはまちがいない。そういう人は、あらゆる面で礼にもとっている。たとえば、昨日親しげにしていた人に、今

日は知らん顔をする。皆でおしゃべりをしていても、そのなかに加わらない。それどころか、時折り思い出したように自分勝手に会話に割り込む。こういうのは、ひとつのことに集中できない証拠だ。でなければ、もっと大切な何かに心を奪われていると考えるほかはない。

たしかに、アイザック・ニュートンをはじめ、天地創造から今日に至るまでに出現した何人かの天才は、周りにいくら人がいても、思索に熱中することが許されたかもしれない。けれど、そんな免罪符を持たない一般人は、そうはいかない。少しでもそういった真似をしたが最後、たちまち、ただののろま人間ということになってしまい、結局は仲間から除外されてしまうのがオチだ。

不注意な人、注意力散漫な人ほど、一緒にいて不快な人はいないと思う。それは、相手を侮辱《ぶじょく》しているのと同じことなのだ。侮辱は、どんな人にとっても許し難いことだ。考えてみてほしい。人は、畏敬の念を抱いている人、愛している人を前にして、気が散ったりするだろうか。するはずはない。つまり、どんな人でも、注目に値すると考える人に対しては、集中できるのだ。そして、いかなる場合でも、注目に値しない相手などいはしない。

私自身について言えば、心がそこにないような人と一緒にいるくらいなら、死人といたほうがましだ。少なくとも死人は人を馬鹿にしない。ところが、ぼんやりしている人は、私のことを注目に値しない人間だと暗に断言しているのだ。

仮にそれが許されるとしても、気の散りやすい人が、果たして一緒にいる人たちの人格や態度、その土地の慣習などをきちんと観察できるのだろうか。できないだろう。そういう人は、たとえ立派な人たちに一生囲まれていたとしても（もっとも、その人たちが受け入れればの話だが。そして、私ならご免こうむりたいところだが）、何ひとつ得ることなく終わってしまうだろう。それに、**現在すべきこと、していることに注意を傾けられないような人は、いい仕事ができるはずもないし、いい話し相手になれるはずもない。**

『ガリバー旅行記』に学ぶ注意力散漫の悲喜劇

私は、君の教育のためには一銭も惜しむつもりはないが（それは経験上、君にも十分にわかっているだろう）、だからといって、君に例の〝注意喚起人〟を雇うつもりはない。〝注意喚起人〟については、君もスウィフトの『ガリバー旅行記』のなかで読んだはずだ。

ガリバーによると、ラピュータ人のなかには、いつも深遠な思索にふけっている哲学者がいて、かれらは、〝注意喚起人〟に発声器官や聴覚器官にじかに触れてもらわなければ、話すことも、人の話を聞くこともできないという。そこで生活にゆとりのある家では、召使いの一人としてそういう人を雇っているという。

主人たちは、〝注意喚起人〟なしには出歩くことも、よその家を訪問することもできない。散歩だってできやしない。というのは、物思いにふけっていて危険に遭いそうな時、瞼に軽く触れてそれを知らせてもらわなければ、いつ崖から足を踏みはずすか、柱に頭をぶつけるかわからないし、また通りを歩けば、いつ人にぶつかるか、いつ犬小屋に突っ込むかわからないからである。

もちろん私は、君がラピュータ人のように深遠な思索にふけって注意力散漫になるなどとは、これっぽっちも思っていない。君の場合は、むしろ頭がお留守になるほうだろうが、それにしてもあまりの不注意に、〝注意喚起人〟が必要なんてことにならないように。

3 相手も君と同じ「プライド」を持っているのだ

〝注意喚起人〟は必要ないまでも、君は周りの人たちに注意の払い方が足りないという話だ。ということは、君はその人たちを馬鹿にしているわけだ。何度も言うようだが、世の中には、馬鹿にしていいほど思慮に欠けたつまらない人間などいないのだよ。

もちろん、これだけ人間がいるんだ。愚かな人も、だらしない人も大勢いるだろう。

そういう人たちを尊敬しろとは言わない。**でも馬鹿にしてはいけない。**あけすけに馬鹿にした態度を取ると、多勢に無勢だ、自分の身を滅ぼすことになる。**心のなかで相手を嫌うのは勝手だが、必要もないのにそれを見せることはない。**それは卑怯なことでもなんでもない。むしろ、時として必要とされる賢明な態度だ。

というのは、そういう人たちだっていつかは、君の力になってくれる時がくるかもしれないからだ。そんな時、君がたった一度でもその人を馬鹿にしたことがあると、相手は君の力にはなってくれないだろう。**悪事は許されることがあっても、侮辱は許されることがない。人には、それぞれプライドというものがあり、それがいつまでも馬鹿にされたことを覚えているのだ。**

馬鹿にされるということは、時として、私たちが、自分の犯した罪以上に隠しておきたい自分の弱みや欠点に、あからさまに触れられることにつながる。これは辛《つら》いことだ。現に自分の過ちを、友だちにしゃべってしまう人はたくさんいても、自分の弱みや欠点を、いかに親しい友人相手とはいえ、しゃべってしまう人は見たことがない。

それと同じで、過ちを指摘してくれる友人はいても、こちらの愚かしさにあからさまに触れる人はいないだろう。自分から言うにしても、言われるにしても、あまりにも深く自尊心を傷つけてしまうことがわかっているからだ。

どんな人でも、ちょっとした侮蔑《ぶべつ》を感じ、それに憤《いきどお》るだけのプライドは持っている。だから、生涯の敵をつくりたくなければ、いくら侮蔑に値する人間だと思っても、それをおもてに表してはいけない。

ちょっとした不用意な言葉が生涯の敵をつくる

若者にはよくあることだが、優越感を示したいがために、あるいは周りの人を喜ばせたいがために、人の弱みや短所を暴露するような真似をする。だが、これだけはけっしてしてはいけない。そういった誘惑には打ち勝たなければいけない。そういうことをしたら、たしかにその時は、周りの人を笑わすことができるかもしれない。けれども、そのことによって、**君は生涯の敵をつくることになる。**それに、その時は君と一緒に笑った友だちだって、あとで思い出したらゾッとするにちがいない。そして結局は、君のことを嫌いになってしまうだろう。

それだけではない。だいいち、そんなことをするなんて下品である。**心優しい人間なら、人の弱点や不幸をかばいこそすれ、公言などしようはずはない。**もし君に機知があるのなら、人の心を傷つけるためではなく、人を愉快にするために使うように。

4 「自分の価値観」だけで世間を測るな

君の手紙を受け取った。君がローマカトリック教会についての馬鹿げたつくり話を聞き、またそれを妄信《もうしん》している信徒たちを見て、驚いた気持ちはよくわかる。けれど、どんなにまちがった考えでも、本人たちが心からそう信じている限りは、けっして笑ったり咎《とが》めたりしてはいけないよ。

分別が曇って目が見えなくなっている人は、気の毒な人たちなのだ。笑われるようなことや咎められるようなことをして、そうなったわけではない。だから優しい気持ちで接し、できれば、話し合いながら正しい方向に導いてやろう、という心づもりでいるくらいがいい。けっしてあざ笑ったり咎めたりしてはいけないよ。

人間は、それぞれ自分の考えに従って行動するものだ（またそうであってほしい）。それを自分とまったく同じ考えでなければいけないなどと思うのは、自分と体型も大きさも同じでなくてはいけないと言うのと同じくらい、傲慢《ごうまん》なことだ。**人間はそれぞれ、自分が正しいと思って生きている。ところが、ほんとうにだれが正しいかを知っているのは神一人なのだ。**

だから、自分の考えとちがうからといって人を馬鹿にするのはおかしいし、自分の信じていることとちがうからといって、異教徒扱いして迫害するのはおかしい。**咎められるべきは、わざと嘘をついた人、つくり話をでっち上げた人だ。それを信じた人ではない。**

「潔く生きる」ことの心がけ

いったい嘘ほど罪深く、卑《いや》しく、馬鹿馬鹿しいものはない。嘘は敵意や臆病さや虚栄心がつかせるものだが、どの場合も、目的を果たすことは少ない。どんなにうまく隠したつもりでも、嘘は遅かれ早かれバレるからだ。

たとえば、だれかの幸運や人徳をうらやんで嘘をついたとしよう。たしかにしばらくの間は、相手に傷を負わせることができるかもしれない。けれどいずれ一番苦しむのは自分自身だろう。**嘘がバレた時**（たいていはバレるものだ）、**一番傷を負うのは自分だからだ。**しかも、それ以後、その相手に関して好意的でないことでも言おうものなら、いくらそれがほんとうのことでも、単なる中傷とみなされてしまう。こんな損な話はないだろう。

また、もし自分の言動に言い訳をしたり、名誉が傷つき恥をかくことを恐れて、嘘をついたり言い逃れをしたなら（嘘も言い逃れも同じようなものだ）、やがてその人は、自分の嘘とその原因であった不安のために、かえって名誉を傷つけられ、恥をかくことに気づくだろう。その人は、人間のなかでもっとも低級で卑しい者、という証明をしたようなものなのだ。周りの人々から、そういう目で見られてもしかたがない。

もし不幸にして過ちを犯してしまった時は、嘘をついてそれを隠そうとするより、正直に認めてしまったほうが潔い。そしてそうすることが、償いをする唯一の方法であり、許しを請う唯一の方法でもあるのだ。

過ちや不都合を隠そうとして言い逃れをしたり、はぐらかしたり、ごまかしたりする行為は、見ていてあまり感じのいいものではない。それにその人が何を恐れているかも、自然に伝わってくるものだ。だから、そういうことをしても成功することは少ないし、成功しないのが当たり前なのだ。

君も、良心や名誉に傷をつけることなく、**社会のなかで立派にやっていきたかったら、嘘をついたりごまかしたりすることなく、潔く生きるといい。このことは、命ある限り頭にたたき込んでおきなさい。**そうすることが人間としての義務であり、自分の利益でもあるのだよ。それが証拠に、君も気づいているだろうが、**愚かな人間ほど**

りしているよ。**よく嘘をつくものだ。**私など、その人がよく嘘をつくかどうかで、知能程度を測ったりしているよ。

5 「世間」という巨大な迷路の入口に立っている君に

今日もまた、人間について、人間の性格・態度について、つまり世間についての勉強をしよう。こういうことは、いくつになっても考えてみるだけの価値はある。特に君の年では、なかなか得られない知識だ。

かねてから不思議に思っていることだが、こういった人生の知恵を若者に伝授する人は、なかなかいない。皆、自分の役目ではないとでも考えているのだろうか。

学校の先生や大学の教授もそうだ。言語や自分の専門の分野をいくつか教えるだけで、それ以外のことは何も教えない。というより、教えられないと言うべきかもしれない。それは親だって同じことだ。教えられないのか、忙しさにかまけているのか、無関心なのか、とにかく教えようとしない。

なかには、子どもを世間に放り込むことこそ一番の勉強だという考えの親もいる。

これは、ある意味では正しいと思う。たしかに世間のことは理論ではわからない。実際世間に身を投じてみなければわからないからだ。

けれどその前に――若者が、迷路だらけの土地に足を踏み入れる前に――そこに足を踏み入れたことのある経験者が、大まかな地図を書いて渡すくらいのことはしてもいい、私はそう思うのだ。

正しく評価される人、されない人のちがい

さて本題に入ろう。**どんな立派な人でも、実際に尊敬されるには、ある種の威厳がなくてはならない**という話だ。

馬鹿騒ぎをする、ふざける、しばしば大声で馬鹿笑いをする、冗談を言う、おどける、あるいはめったやたらに人なつこい――こういうのは威厳のある態度ではない。

こういう態度を取っていれば、いくら知識の豊富な人格者でも、尊敬されることは少ない。逆に馬鹿にされるのがオチだ。

陽気なのは結構だが、馬鹿がつくくらいに陽気な人で尊敬された人物は、いまだかつていないと言っていい。それにやたらと人なつこいのだって、目上の人を怒らせるばかりだし、そうでなくとも、周りの人から「腰ぎんちゃく」だの「操り人形」だのと陰口をたたかれる。身分や地位の低い人に人なつこく振る舞えば、相手は誤解して対等につき合おうとし、この不当な要求には手を焼くだろう。冗談だってそうだ。冗談ばかり言っている人は、道化師と何ら変わるところがない。人が感心する機知とはかなり趣が異なる。

結局のところ、**自分の本来の性格や態度とは無関係のところで気に入られて、仲間に加えられたり、もてはやされたりしている人というのは、けっして尊敬されることはないのだ。いいように利用されるだけだ。**

私たちはよくこんなことを言う。あの人は歌がうまいから仲間に入れよう、ダンスがうまいからパーティに誘おう、いつも冗談を言って楽しいから食事に招待しよう、あるいは、あの人を呼ぶのはやめよう、どんなゲームにもすぐ熱中してしまうから、すぐに深酒するから等々。

こういう言われ方は、ほめられているのでも何でもない。逆にけなされているのと変わりない。わざわざご指名を受けて馬鹿にされているのだ。少なくとも、正当に評価されているのでも、尊敬されているのでもないことはたしかだ。

ひとつの理由だけで仲間に入れてもらっているような人は、そのこと以外に存在価値はないのだ。ほかの面に目を向けてもらえることもないし、したがっていくら長所があっても尊敬されることもない。

どんな時でも「どっしりした」態度、生き方を

では、どういうものが威厳ある態度なのだろうか。威厳ある態度というのは、尊大な態度とは相容れないものだ。というより、相反するものと言ったほうがいい。それは、いばり散らすのが勇気ではなく、冗談が機知でないのと同じことだ。

尊大な態度ほど、品位をおとしめるものはないと言っていい。傲慢な人間の自負心は、怒りも生むが、それ以上に嘲笑《ちょうしょう》やさげすみを生む。品物に法外な高値をつけて売りつけようとする商人がいるだろう。あれと似ている。そういう商人には、私たちも法外な安値をふっかける。けれど正当な値段をつけている商人には、けんかはふっかけない。

威厳のある態度とは、やたらにゴマをすることではない。八方美人のように振る舞うことでもない。反対に何にでも逆らうことでもない。口うるさく議論をふっかけることでもない。**自分の意見は控えめにはっきり言う。ほかの人の話は気持ち良く聞く。**こういう態度は威厳のある態度と言えるだろう。

威厳は外から与えることもできる。**顔つきや動作に、しかつめらしい雰囲気を漂わせるのだ。**もちろん、**生き生きとした機知や上品な明るさが表情に加わってもいい。**そういったものは、元来尊厳を感じさせるものだ。それに対して、にやにやした態度や落ち着きのない体の揺れは、いかにも軽々しい感じがする。

外側から威厳を与えるといっても、いつもやられっ放しの人間が、どうあがいても勇気ある人間には見えないのと同じように、悪に身をやつした人間は、威厳のある人間には見られないだろう。

けれど、そういう人間でも礼儀正しく振る舞い、堂々としていれば、少しは落ちぶれる速度が軽減されるかもしれない。

言いたいことはいろいろあるが、あとはキケロの『手引き書』(〝Offices〟)か『礼儀作法便覧』(〝The Decorum〟)でも見てしっかり勉強することだ。できれば暗記するくらいの心がけがあったほうがいい。威厳を身につけるにはどうすればいいかが、微に入り細をうがって書いてある。

第3章

一生の友情をどう育てるか

――自分を伸ばす友人、
引き立ててくれる人をどう見つけ、
どうつき合うか。

子どもから大人になるのは、ただの一歩、
ただのひとまたぎにすぎない。
孤独になること、自分自身になること、
両親からはなれること、
これらが子どもから大人へ進む第一歩なのである。

ヘルマン・ヘッセ（作家）

1 友人は君の人格を映す鏡だ

この手紙が届く頃には、君はベニスで賑々《にぎにぎ》しく消耗的な謝肉祭を過ごしてトリノに居を移し、そこで勉学の準備にいそしんでいることだろう。トリノでの滞在が、君の勉学に役立つことを、そして君の学歴を飾ってくれることを祈っているし、またそうであってくれなければ困る。けれど、ほんとうのことを言うと、私は今までになく、君のことを心配しているのだよ。

聞くところによると、トリノの大学には、評判のよくないイギリス人が多数いるそうじゃないか。そこで、今まで築き上げてきたものを台無しにしはしないかと、気が気でないのだ。どんな人たちかは知らないが、グループになると粗暴な行動に及んだり、無作法な振る舞いをしたりして、心の偏狭さを露呈しているという話だ。

そういうことは、仲間うちだけにとどめておいてくれればよいのだが、それで満足するような人たちではなさそうだ。仲間に入らないかと圧力をかけたり、執拗《しつよう》に勧誘を続けたりするそうだ。そしてそれがうまくいかないと、今度は愚弄《ぐろう》という手を使うという。君の年頃の経験の浅い若者には、これは効くだろう。圧力をかけられたり、強引に勧誘されるどころの比ではない。くれぐれも、こういったことに巻き込まれないように、気をつけてほしい。

一般に若い人たちは、人からものを頼まれるとなかなか嫌と言えないものだ。嫌と言うと、沽券《こけん》にかかわるような気がするのだろう。それに、相手に悪いという気持ちもあるだろう。仲間はずれになりたくない気持ちもあるだろう。そういう気持ち自体は、悪いことではない。相手に合わせよう、喜ばせようという気持ちは、相手がいい人ならいい結果を生む。ところがそうでない場合は、心ならずも相手に引きずられるだけという、最悪の事態を生む。

もし自分に欠点があるなら、自分の欠点だけで満足してほしい。他の人の悪いところを真似して、欠点を増やすようなことはしないでほしい。

「温まりにくく冷めにくい友情」こそが、ほんとうの友情だ

トリノの大学には、いろんな人がいるだろう。そういう人たちとすぐに親しくなれる、友だちになれると思うのはまちがいだ。それはとんだ思い上がりだ。ほんとうの友情なんて、そう簡単に手に入るものではない。**長い時間をかけて、お互いのことを知り合い、理解し合ったうえでなければ、ほんとうの友情なんて育つものではない。**

ところが、そうでない名ばかりの友情というのもある。若者の間に蔓延《まんえん》しているのはこれだ。この友情は、少しの間は温かいが、しばらくすると（有難いことに）冷めてしまう。偶然知り合った何人かが、一緒に無鉄砲な行為をしたり、遊び狂ったりするようになったのだろう。いわば促成栽培の友情だ。酒と女遊びだけで結びついているとは、何と立派な友情だろう。

いっそ社会に対する反抗と開き直って、受けるべきものを受けたほうが気が利いていると思うのだが、軽薄短小《けいはくたんしょう》なかれらに、そんな洒落《しゃれ》た真似ができるはずがない。自

分たちの安易な関係を友情と呼び、いたずらにお金の貸し借りをしたり、「友人」のためにと、騒動に首を突っ込んではけんかを売ったり買ったりする。

こういう人たちは、何かのはずみでいったん仲たがいするや、今度は掌《てのひら》を返したように、相手のことをあらいざらいぶちまけて歩く。いったん仲たがいしたら最後、二度と相手を思いやることはない。ひたすら今までの「信頼関係」を裏切り続け、愚弄し続ける。

ここでひとつ君に注意してもらいたいのが、**友だちと交遊仲間とはちがう**ということだ。**一緒にいると楽しいからといって、いい友人とは限らない。**いや、むしろ反対に、友人としてはふさわしくない人物であったり、ためにならない人物であったりすることが結構あるのだ。

◈ つまらぬ人間は軽くあしらっても「敵」に回すな

どんな友人を持っているかで、その人の評判は、ある程度決まってしまうと言っていい。これは、必ずしも道理に外れたことではない。それをずばりと表現している言葉がスペインにある。

だれと暮らしているか教えてくれ
そうすれば、
君がどんなやつか、当ててやろう

不道徳な人や愚かな人を友だちに持っている人は、その人もやましいことをしているのではないか、隠しておきたい秘密のようなものがあるのではないか、と疑われるということだ。

けれどそこで注意しなくてはならないのは、不道徳な人物や愚かな人物が近寄ってきた場合、気づかれないように身をかわすのは当然としても、**必要以上に冷たくあしらって、敵をつくってはいけないということだ。**友だちになりたくない人はごまんといるだろうが、かれらを敵に回すのは得策ではない。

私なら、敵でもなく味方でもないといった、中間的な立場を選ぶ。これは安全な方法だ。**悪行や愚行は憎むが、個人的には敵対しない。**いったんかれらに敵意を抱かれたら最後だ。友だちになるよりはましだが、それでもひどい目に遭う。

大切なのは、**相手がだれであれ、言っていいことといけないこと、していいことといけないことをわきまえて、自分を制することだ。**わきまえているふりをするのは最悪だ。相手に嫌味な感じを与えるし、それが実はそうでなかったという場合、かえって相手を怒らせてしまう。

ほんとうの意味で、物事をわきまえている人は少ない。たいていは、つまらないものに気を取られて、かたくなに口を閉ざしてみたり、反対に自分の知っていること、考えていることをあらいざらいしゃべって、敵をつくってしまったりするものだ。

2 自分より「下」を見るな、「上」だけを見よ

友だちについての話はこのくらいにして、次は、どんな人とつき合うべきかについて話をしよう。

まず、**できる限り自分より優れた人たちとつき合うよう、努力しなさい。優れた人たちとつき合うと、自分もその人たちと同じように優秀になる。**逆に、自分より程度の低い人とつき合うと、自分もその程度の人間になってしまう。前にも書いたように、人間は、つき合う相手いかんでいかようにも変わるものなのだ。

ここで「立派な人たち」と私が呼ぶのは、家柄が優れているとか、地位があるという意味ではない。内容のある人たち、世間の人が立派だと思う人たちのことだ。

「立派な人たち」には、大ざっぱに言って二通りある。社会で主導的な立場を取っている人、社交の場で華やかな活動を繰り広げている人など、**社会的に傑出した人たち**

と、特殊な才能や特徴のある人、特定の分野の学問や芸術に秀でている人など、一点で傑出した人たちだ。

といっても、自分だけがそう思っているのではいけない。土地の人がこぞって「立派」と認め、そう呼んでいる人たちでなければならない。そこに何人かの例外的人物がいるのは構わない。というより、むしろそのほうが望ましい。

つき合うのに適したグループというのは、ほんとうは、単なる図々しさだけで仲間に加わったり、さる重要人物からの紹介で強引に入ったりするような、種々雑多な人間のいる集団かもしれない。いろんな人格の人間、いろんな道徳観を持った人間を観察するのは、楽しいし、ためになる。それにしょせん、主流は立派な人たちだ。まゆをひそめられるような人物は、けっして入れてもらえない。

そういう意味で言えば、身分の高い人ばかりの集まりは、その土地で立派だと認められていない限り、好ましいとは言えない。身分がいくら高くても、頭がお留守な人、常識的な作法を知らない人、何も取り柄のない人がいるからだ。

学識豊かな人間ばかりが集まったグループもそうだ。世間から丁重な扱いを受けたり、**尊敬される**ことはたしかだが、つき合うのに適したグループとは言い難い。前にも詳しく言ったように、かれらは気楽に振る舞うことを知らない。世間を知らない。学問しか知らないからだ。

そういうグループに入れてもらえるだけの才覚が君にあるとしたら、時々顔を出させてもらうのは、大変結構なことだと思う。そのことで君の評判は上がりこそすれ、下がることはないだろう。けれど、入りびたりになってしまうのはどうだろうか。いわゆる世間知らずの学者の仲間と思われ、社会で活躍する際の足かせになりはしないだろうか。

「ここから先は踏み込まない、踏み込ませない」つき合い方も大切

才気にあふれた人物や詩人は、ほとんどの若者が、一緒にいて夢中になる相手ではなかろうか。自分にも才気があれば楽しくてしょうがないだろうし、ない人は、つき合っていることを得意に感じるだろう。でも、そういう**才気あふれる魅力的な人物と**

つき合う場合でも、どっぷり浸かり込んではいけない。判断力を失わずに、ほどほどにつき合うほうがいい。

才気というものは、人にそれほど喜んで受け入れられるものではない。逆に、恐怖心を起こさせることもある。一般に、周りに人の目がある時は、人は切れ味のいい才気を怖がるものだ。それは、ご婦人方が鉄砲を見て怖がるのと似ている。ひとりでに安全装置がはずれて、弾が自分目がけて飛んでくるのではないかと思うのだ。

けれども、こういう人たちと知り合い、親しくつき合うことは、それなりに意味のあること、楽しいことである。ただ、いくら魅力があるからといって、他の人たちとつき合うのをいっさいやめて、その人たちとだけつき合うのはどうかと思う。

欠点までほめるような人には近づくな

どんなことがあっても避けたほうがいいのは、程度の低い人たちとつき合うことだ。

人格的に程度が低く、徳が低く、頭の程度が低く、社会的位置づけも低い人、自分に取るべきところが何もなく、君とつき合っていることだけを誇りにしているような人たちだ。そういう人は、君をつなぎとめておくために、君の欠点までいちいちほめあげるだろう。そういう人とはけっしてつき合ってはいけない。

君は、私がこんな当然のことまで注意を与えることに、驚いているのではないだろうか。でも私は、程度の低い人たちとつき合ってはいけないと注意を与えることが、まるっきり不必要だとは思ってはいないのだよ。分別もあり、社会的位置づけもしっかりした大人が、何人も何人もそういう人とつき合って信用を落とし、堕落《だらく》していく姿を、この目で見てきたからだ。

ここで一番問題となるのが、虚栄心というやつだ。虚栄心のおかげで、人間は幾多の悪事を引き起こし、愚行に至った。そして、どこから見ても自分より程度の低い人たちとつき合ってしまうのも、この虚栄心の成せる業なのだ。人は、グループのなかで一番になりたいと願うものだ。仲間からほめられたい、あがめられたい、思い通りに仲間を動かしたい、そう思うものだ。

そんなくだらない称賛の声を聞きたいがために、程度の低い人たちと交わってしまうのだ。どういう結果になると思う？　そう、やがて自分もその人たちと同じ程度になり、もっと立派な人とつき合おうと思ってもかなわなくなる。

繰り返して言うが、人は、つき合う相手と同じレベルまで、上がりもするし下がりもする。

君は、つき合う相手によって判断されるのだ。

3　強い決意と意志で身につけた交際術

私は今でも、自分が初めて社交の場に顔を出し、立派な面々に紹介された時のことを、はっきりと覚えている。まだ、ケンブリッジの垢《あか》を体中にしみ込ませていた私は、まばゆいばかりの大人を前にして、怖くて立ちすくんだものだ。優雅に振る舞うのだぞ、と自分に言いきかせてみても、おじぎは人よりただただ頭が低いだけ、仰々しいだけで、人に話しかけられても、自分から話しかけようとしても、手も足も、頭も口も言うことをきかなかった。

耳もとで何かささやき合っている人たちが目に入れば、私のことを話しているのだと思い、その場にいる人全員が、私のことを指さし、馬鹿にしたり批判していると思った。よく考えてみれば、私のような青二才のことで、頭を煩《わずら》わせる人などいるはずもないのに。

私はしばらくの間、まるで刑に服している罪人のような気持ちでその場にいた。もし、目の前にいる人たちとつき合って自分を磨こう、という強い決意と意志がなければ、その場からすごすごと退却していたにちがいない。けれど、私はそこで踏みとどまった。なんとしても、その場に溶け込まなければならない、そう思った。

そう決めると、少し気が楽になってくるのがわかった。もう、さっきのような見苦しいおじぎはしなかった。話しかけられても、それほど口ごもったり、どもったりしないですむようになった。

すべて「いいきっかけ」は自分でつくっていかなければならない

時折り、私の困惑ぶりが目に留まった人たちが、自分の手が空《あ》いている時に、そばに来て話しかけてくれた。私は、天使が私を慰めに来たのだ、私に勇気を与えに来てくれたのだと思った。

事実、勇気は少しずつ湧いてきた。私は、いかにも品のよさそうな婦人のところに行き、思いきって、今日はいいお天気ですね、と話しかけた。その婦人は非常に丁重に、私もそう思います、と答えてくれた。そこで会話が途切れた。少なくとも、私のほうからは、続ける言葉が見つからなかった。その時、その婦人がもう一度口を開いた。

「どぎまぎなさることはありません。今も、私に話しかけてくださるのに、ずいぶんと勇気がご入用だったみたいだけど……。でもだからといって、ここにいらっしゃる方々とのおつき合いをあきらめようなんて、お考えになってはいけません。皆さんもわかってらっしゃいます。あなたがうちとけよう、うちとけようとしてらっしゃること。そのお気持ちが大切なの。あとは、方法を身におつけになることとね。

あなたは、ご自分で思ってらっしゃるほど、不器用なほうじゃありません。修業を積めば、やがてご立派になられます。もし、私の許《もと》で修業をなさりたいとお思いなら、私の愛弟子《まなでし》ということで、お友だちに紹介してさしあげてもよろしいですけれど……」

こう言われて、私がどれだけ嬉しかったか想像できるだろうか。そしてまた、私がどんなにぎごちなく言葉を返したかも。私は、二、三度せき払いをした。そうしなくては、喉に何かが張りついているような気がして、声が出せなかった。私は、ようやくの思いで口を開いた。

「お言葉有難うございます。私が自分の振る舞いに自信が持てないのには、わけがありまして、それは、立派な方々とおつき合いするのに、慣れていないからなんです。でも、先生になってくださるとおっしゃるのでしたら、喜んでそうお願いさせていただきたいと思います」

私のたどたどしい言葉が終わるか終わらないかのうちに、その婦人は三、四人を呼び集めて、フランス語でこう言った（当時私は、フランスにいた）。

「皆さん、私、このお若い方の教育係をお引き受けしましたの。そのことをとても喜んでくださってるのよ。この方は、きっと私のことを気に入ってくださったんでしょう。でなければ、私のところへ来て、震えそうになりながらも勇気を振り絞って、今日はいいお天気ですね、なんて話しかけてくださらないはずですもの。

皆さんも手を貸してくださいね。ご一緒に、このお若い方を磨き上げましょうよ。この方には、お手本が必要なんです。もし、私のことを適切なお手本でないとお思いになれば、別の方をお探しになるでしょう。でもね、だからといって、オペラ歌手や女優なんかをお選びになってはいけませんよ。そんな方々とご一緒だったら、洗練されるどころか、富も財産も失い、健康を害し、考え方はすさみ、落ちぶれるだけですから」

思わぬ講義を聞かされて、その場にいた三、四人は笑った。私は、仏頂面をして立っていた。その婦人が本気なのか、それとも私をからかっているのか、私にはわからなかった。私は、喜んだり、恥じ入りたい気持ちになったり、勇気づけられたり、失望したりしながら聞いていた。

人づき合いにも欠かせない「やる気」と「ねばり強さ」

あとになってわかったことだが、この婦人も、この婦人が紹介してくれた人たちも、人前で、私のことを実によくかばってくれた。私はだんだん自信がついてきた。優雅に振る舞うことが、もはや恥ずかしくなくなってきた。よいお手本を見つけると、ひたすらそれを真似した。そして、やがてもっと自由な気持ちで真似できるようになり、**とうとう、そこに自分なりの方法を加えることができるようになった。**

君だって、人から好ましく思われる人間になりたい、世に出ていっぱしのことをしたいと思うなら、できないことはないのだ。やる気とねばり強ささえあれば。

4

人間を「原寸大」で評価する目を養う

若い人は人間にせよ、ものにせよ、過大評価しがちなところがある。それはよく知らないからだ。知るにつれて、評価はだんだん下がってくるはずだ。人間は、君が思っているほど理知的、理性的な動物ではない。感情に支配され、簡単に崩れ落ちるもろさを持っている。

一般に有能と言われる人でも、絶対的でないことは、君も承知しているだろう。それでもなおかつ「有能」と呼ばれるのは、他者と比較してそう呼ばれているにすぎない。一般の人より欠点が少ないということだけで「有能」と呼ばれ、優位に立っているにすぎないのだ。

かれらはまず自分を制し、欠点を減らすことによって、残りの大多数を御しやすくしている。その時、理性に訴えて御すような、馬鹿な真似はしない。感情や感覚など、御しやすいところを巧《たく》みに突く。だから、失敗することはほとんどない。

でも、**改めて遠くから見てみると、人々が偉大だ、完璧だと思っている人たちにも欠点があることは、容易にわかる。**あの偉大なブルータスだってそうだ。マケドニアでは、泥棒まがいのことをしたではないか。フランスの枢機卿《すうききょう》リシュリューだってそうだ。自分の詩才を少しでも高く買われたいと思って、見苦しい真似をしたではないか。マールバラ公爵だってそうだ。ケチなところを見せたではないか。

君自身の目で、人間とはどんなものかがわかるまでは、ラ・ロシュフコー公爵の『箴言集《しんげんしゅう》』("Maxims")を読むといい。あれほど、人間について教えてくれる本も人もほかに知らない。この小冊子を、一日のうちの少しの時間でいいから、毎日読むことを勧めたい。この本ほど、人間のありのままの姿を正確にとらえている本はないと思う。

恐れながら、この本を読めば、君も、人間を必要以上に過大評価することはなくなるだろう。だからといって、人間を不当におとしめている本でないことは、私が保証する。そういう本だ。

若者らしい明るさ、快活さをうまく生かす

君の年代の若者は、いつも元気があり余っているようなものだ。線路を敷いてやらなければ、どこに行くかわからないし、首の骨を折る心配もある。けれどこの無鉄砲な若さも、いさめられるだけではない。そこに慎重さが加われば、人々から歓迎されることもある。

だから、**若者特有の浮わついた部分は捨てておき、若者らしい快活さと明るい心を持って、堂々と人々のなかに入っていきなさい。**若者の移り気は、その気がなくても相手を怒らせることがあるが、はつらつとした元気のよさは、人の心を引きつける。

できれば、**これから会う人たちの性格や、今どんな状況におかれているかは、前もって調べておくといい。**そうすれば、行き当たりばったりに、あれこれ想像しながらものを言わなくてすむ。

君が知り合うであろう人々のなかには、心持ちのよい人ばかりでなく、よくない人

も、それ以上にいると思う。批判好きな人は多いが、それにも増して、批判されて当たり前の人もいる。そういう人に対しては、**その場にいるほとんどの人に当てはまる長所をほめたり、短所を擁護したりするといい。**そうすれば、それがどんなに一般論であろうと、自分に向けて発せられた言葉だと思い、嬉しがるにちがいない。

みじめな失敗、挫折感こそ最大の師となる

人は、特に自分より優れた人々のなかに入ると、いつも、自分が見られているような気がするものだ。人々が小声で何かささやけば、自分のことを言っているのだと思い、笑っていれば、自分が笑われていると思い、何か意味のわからないようなことで、強引に自分に当てはまらなくもないことを言われると、自分に向けて発せられた言葉だと思いこんでしまう。

スクラブが『計略』（"Stratagem"）のなかで面白がって書いている通り、「あんなに大声で笑っているのだもの、きっと私のことを笑っているにちがいない」と考えて

しまうものなのだ。

いずれにせよ、**優れた人々のなかに入って失敗を重ね、挫折感をいやというほど味わううちに、次第に君も、洗練された態度が身につくことだろう。**

男性でも女性でもいいから、君が一番親しくしている人五、六人に、自分は若さと経験不足から、ずいぶんと無作法なことをしていると思うが、気がついた時には、遠慮なく指摘していただけませんか、と頼んでみるといい。その時に、指摘してくださることは、友情の証《あか》しだと感謝します、とつけ加えることも忘れずに。

このように、心の内を包み隠さず話し、相手の助けを借り、感謝を忘れなければ、指摘してくれた人も快く思ってほかの人にその話をし、君の力になるよう頼んでくれるだろう。そうすれば、たくさんの人が、親しみをこめて、君の無作法な行為や不適切な対応をいさめてくれるようになる。そして君は徐々に、心も体も自由になり、話をする相手、一緒にいる相手次第で、カメレオンのように変幻自在に振る舞えるようになるだろう。

5 「虚栄心」を「向上心」に押し上げる

虚栄心——もっと柔らかく言えば、人から称賛を浴びたいと思う気持ち——は、どの時代のどの人間も、必ず持っている気持ちではないだろうか。この気持ちが高じて、愚かな言動や犯罪的行為を犯してしまうこともある。が、概して、**人からほめられたいと思う気持ちは、向上につながるのではないか、**と私は考えている。

もちろん、そうであるためには、それ相応の思慮深さ、向上心がなければならないが、結果に目を向ければ、大切に育ててもよい気持ちではないだろうか。

人から認められたい、ほめられたいという気持ちがなければ、私たちは何事にも無関心になり、何をする気も起こらなくなる。そして、実際に何もしなくなる。そうなれば、自分の持っている力を発揮することもない。そして、実力以下に見られることに甘んじるほかない。ところが、虚栄心の強い人はちがう。実力以上に見られようと、精一杯努力する。

私は、今まで君に何もかも包み隠さず話してきたし、これからも、欠点だからといって隠すつもりはないからあえて白状するが、実はこの私も、人が弱点と呼ぶ虚栄心を、多大に持っていた。さらに言うなら、私は、そのことを残念に思ったことがない。むしろ、**虚栄心があってよかったと思っている。**仮に、この私に人々から喜ばれる何かがあったとしたなら、それは、虚栄心が私を強く押し上げてくれたおかげだと思っている。

虚栄心を、哲学者は「人間の持つ卑しい心」と呼ぶ。しかし、私はそうは思わない。虚栄心があったからこそ、現在のこの私という人格ができ上がったのだ。そして、君にも、若き日の私と同じくらいの虚栄心があるといいと思っている。**虚栄心ほど、人間を出世させるものはない。**

いつも「一番になりたい」という気持ちが能力を引き出す

私は、並大抵の出世欲を持って世に出たわけではない。**どんなことがあっても、**

人々から認められるんだ、称賛を浴びるんだ、人望を得るのだという、並はずれた熱い思いを胸に秘めて、社会の第一歩を踏み出した。そのために、たとえ愚かな行為に走ることがあったとしても、それ以上に賢明な行動もしたと思う。

たとえば、男性ばかりが集まっている時など、私はだれよりも立派であろう、少なくとも、そこで一番輝いている人と同じくらい立派になろうと志したものだ。その思いが私の潜在能力を引き出し、一番手になれない場合でも、二番手、三番手にはなれた。

やがて私は、一種の注目の的、中心的存在になった。いったんそうなると、することなすことすべてが正しいと思われるものだ。私の場合もそうだった。私の流儀が流行り、だれもがこぞってそれに従うのを見るのは楽しかった。私は、男女を問わず、どんな集まりにも必ず呼ばれ、その場の雰囲気を、ある程度左右した。

そんなことから、由緒ある家柄のご婦人方と、うわさを立てられもした。そして、その真偽のほどもわからないようなうわさが、ほんとうになったことも何度かあったことをここに告白しよう。

男性に対する時は、私は相手を満足させるために、プロテウス（変身能力を持つギリシャ神話の神）のように変身した。陽気な人たちのなかでは、だれよりも陽気にしたし、威厳のある人たちのなかでは、だれよりも威厳を持って振る舞った。私は、人々がわずかでも好意を表現してくれたり、友人として何かをしてくれた時には、けっしてそれを見逃すようなことはしなかった。一つひとつに気を配り、感謝を忘れなかった。

そうすることで相手は満足してくれたと思うし、また私としても、親しくなるきっかけをつかむことができた。このようにして、私はまたたく間に、その土地の名士をはじめ、いろいろな人と知り合いになった。

6 すなおに「感謝できる人間」になれるか

先日、ローマから帰国したばかりの知り合いから、君ほどローマで歓待を受けた若者はいないだろうと聞いて、大変喜んでいる。パリでもきっと、同じように歓待されるものと信じている。パリの人々は、外から来た人たち、とりわけ礼儀正しく心の温かい人には、親切にしてくれる。

けれど、それにただただ甘えてばかりじゃいけないよ。かれらだって、自分の国が愛されている、自分たちの態度や慣習が好ましく思われていると感じれば、嬉しいものだ。

わざわざ言葉に出して言え、とは言わない。それも悪くないが、そういう気持ちは、態度で十分伝わるものだ。パリで歓待を受けたら、そのくらいのお返しをしてもいいんじゃないかと思うが、どうだろう。私だって、もしアフリカに行くようなことがあって、そこで善意を受けたなら、相手がだれであれ、そのくらいの謝意は表すよ。

どうでもいい教養より「快活さ、ねばり強さ」こそが身上《しんじょう》

君のパリでの受け入れのほうだが、すべての手はずを整えておいた。寄宿舎へも、

すぐ入居できるようになっている。君はこの件では、感謝しなくてはいけないよ。最低半年間は、寄宿舎に住めるということがどういうことを意味するのか、よく考えてみることだ。まず、ホテルに滞在すれば、どんな天候であれ、毎日必ず学校まで出かけていかなければならない。もちろん時間だって無駄だ。だが、問題はそんなことじゃない。

寄宿舎に身を寄せれば、パリの上流社会の若者の半数近くと、顔見知りになれるも同然だ。やがて君も、パリの社交界にその一員として温かく迎えられることになるだろう。こんなお膳立てをしてもらったイギリス人は、私の知る範囲でも、君が初めてだよ。それに、そのためにかかる費用など、たいした額ではないので、私の懐が痛むこともない。その件では、余計な心配はしなくていい。

それよりも、君はフランス語が完璧と言っていいほど上手だから、じきフランス社会にも馴染み、今までパリで生活しただれよりも、充実した日々を送れるようになるだろう。願ってもないことだ。

残念なことだが、フランスに出向いたイギリス青年の大半が、フランス語を上手に操れない。それだけならまだいいが、人との接し方も知らないときているから、かれらは自己表現がうまくできないし、当然フランス社会での覚えもよくない。

その結果、「腰抜け」になる。**腰抜けはいけない。相手が男性であろうと女性であろうと、臆病さと自信のなさくらい、自分以下の相手を調子づかせるものはない。**何をするにしても、本人が「できない」と思えば、できるはずはない。**「やってやろうじゃないか」と思い、努力し、「できるのだ」と自分に言いきかせれば、何とかなるものだ。**

君も、あちこちで見かけているだろう。人間的に特に優れているというわけでもなく、教養もないのに、快活で、積極的で、ねばり強いというだけでのし上がってきた人たちを。そういう人たちは、男性からも女性からも、拒否されるということがない。どんな困難に遭っても、くじけることがない。二度や三度退けられても起き上がり、また突進する。そして最終的には、十中八九、初志を貫徹する。立派と言うほかない。

君もこれを真似るといい。君の人格と教養をもってすれば、はるかに早く、はるかに確実に、目標に到達するだろう。君には楽天的になっていい理由——資質というものがある。起き上がれるだけの力もある。

最後まであきらめなければなんとかなる

実社会では、才能があることが大前提だが、それに加えて自分の考えをしっかり持ち、それを人前で不必要にさらけ出さず、確固とした意志を持ち、不屈のねばり強さがあれば、怖いものなどありはしない。わざわざ不可能に挑戦することはないが、可能なことなら、手を替え品を替えて挑戦すれば、なんとかなるものだ。ひとつの方法でダメだったら、別の方法を試し、相手に合った方法を探し当てるといい。

歴史を少しさかのぼって考えてみると、強い意志とねばり強さのために、思い通りに事を運んだ人がずいぶんいたことに気づくだろう。

たとえば、フランスの枢機卿マザランと度重なる交渉の末に、ピレネー条約を締結した宰相ドン・ルイ・ドゥ・アロがそうだ。かれは、持ち前の冷静さとねばり強さで交渉を有利に運び、重要な点では一歩も譲らずに、合意にこぎつけたのだった。マザランは、イタリア人的な陽気さと気の短さの固まりのような人物だった。

一方のドン・ルイは、いかにもスペイン的な冷静沈着さと、忍耐力を兼ね備えた人物だった。交渉のテーブルについたマザランの最大の関心事は、パリにいる宿敵コンデ公の、再度の反乱を阻止することにあった。だから、条約締結を早々にすませて、早くパリに帰りたかった。パリを空けていると、何が起きるかわからなかったからだ。

ドン・ルイはこれを見て取ると、交渉の度に、コンデ公の話を持ち出すことを忘れなかった。そのお陰で、マザランは、一時交渉のテーブルにつくことさえ拒否したくらいだ。結局、終始変わらぬ冷静さを貫き通したドン・ルイが、マザランおよびフランス王朝の意向と利益に反して、条約を有利に締結することに成功したのだった。

大切なのは、不可能と可能を見分ける力だ。単に難しいだけなら、あとは貫き通そうとする精神力と、ねばり強さがあればなんとかなる。もちろんその前に、注意深さと集中力が必要なのは言うまでもないが。

第4章

自分の「意見」を持て

——自己主張のない人間は絶対に伸びない。
判断力・表現力を身につける決め手。

斃《たお》れた親を喰《く》い尽くして力を貯える
獅子の子のように、力強く勇ましく、
私を振り捨てて人生に乗り出していくがいい。

有島武郎（小説家）

1 「他人の考え」で事のよし悪しを決めていないか

この手紙が届く頃には、君はもうライプチヒに帰ってきているだろう。ドレスデンでの宮廷社会への第一歩、どんな印象を持っただろうか。賢い君のことだから、お祭り気分はドレスデンにおいてきて、ライプチヒでは、早速また勉強にとりかかっていることと思う。

もし宮廷が気に入ったのなら、**勉強して知識を蓄えることが、人々に認められる一番の近道だということを心しておくといい。**知識も人徳もない宮廷人など、目も当てられないよ。哀れな人たちだ。それに引きかえ、知識と人徳があり、気品と気取らない態度を身につけた人たちは、実に立派だ。君も、それを目指すといい。

宮廷は、嘘と偽りの固まり、表と裏のまったくちがう世界だとよく言われるが、果たしてそれは正しいだろうか。そうは思わない。声を大にして言いたいが、**そもそも「一般論」というものが正しかったためしなどないに等しい。**

たしかに、宮廷は嘘と偽りの固まりで、表と裏がまったくちがっていることもあるにはある。けれど、それは宮廷に限った話ではない。そうでない場所があるなら知りたいものだ。

農民たちが集まる作業小屋だって、似たようなものではないだろうか。ちがうといったら、行儀作法が多少悪いといったくらいのことだ。隣り合わせの畑を持つ農民など、どうしたら隣人よりも多く出荷できるか、あの手この手を考え出し、実践に移しているにちがいない。大地主の前では、いかに自分を気に入ってもらおうかと、必死の作戦を立てているにちがいない。それは、宮廷人が王子のご機嫌取りをするのと、少しも変わりはしない。

田舎の人間は無邪気で嘘偽りがなく、宮廷人は偽りだらけ、と詩人たちがいくら書いたところで、また単純な愚か者たちがそれをいくら信じたところで、真実は変わらない。**羊飼いも宮廷人も同じ人間なのだ。心に感じること、思うことに変わりはない。ただ、流儀が少しちがうだけなのだ。**

「一般論」を持ち出す人間には注意しなさい

一般論を用いること、信じること、正しいと認めることには慎重になってほしい。そもそも、一般論を持ち出してくるような人物には、うぬぼれの強い小ざかしい人間が多い。ほんとうに賢い人物は、そんなものを持ち出す必要がない。小ざかしい人間が持ち出してきても、そんなものに頼らざるをえない内容の貧困さを、気の毒に思うだけだ。

世の中には、いわゆる常識や職業についてなど、様々な一般論が幅をきかせている。そのなかには、まちがっているものもあれば正しいものもある。が、おしなべて言うならば、**自分の考えを持たない人が、「一般論」という使い古しの装飾品を身につけて目立とうとしているようなものだ。**

私は、そういう人が笑いを誘おうとして一般論をぶつと、わざと威厳のある顔をして、「そうですか。それで?」と、続きがあるのが当然のような態度を取る。すると、自分に自信がなく、冗談しか拠りどころのない相手は、次の言葉が継げずに困り果ててまごまごする。

結局のところ、**自分に確たるものを持っている人は、一般論などに頼らなくても、言いたいことはきちんと言えるのだ。**くだらない一般論にはソッポを向き、そんなものを持ち出さなくても十分楽しく、ためになる話題を提供できる。結局、そういう人は、皮肉を言ったり一般論を引き合いに出したりしなくても、相手を退屈させることなく、機知に富む話ができるのだ。

2 君には物事を考えるすばらしい「頭」があるではないか

君はもう、物事をじっくり考えることのできる年齢だと思う。同じ年頃の青年で、それができる人はまだ少ないと思うが、君には是非、**物事を深く考える習慣を身につけてもらいたい**と思っている。**そして真理を求め、ゆがみのない知識を身につけても**

らいたい。

といっても実を言うと、この私がそれを始めたのは、そんなに古い話ではない（君のためなら、あえて恥もさらそう）。十六、七歳までは、自分で考えることをしなかった。その後、少しは考えるようになったが、考えたことを何かに役立てることはなかった。ひたすら読んだ本の内容を鵜呑みにし、つき合った人たちの言うことの正否を考えることなく、ただただ受け入れていた。

手間ひまかけて真実らしきものを追究するより、たとえまちがってても楽なほうがいい、という考え方だったのだ。面倒だとも思ったし、遊びにも忙しかった。それから、上流社会独特のものの考え方に、多少反抗もしていた。

そんなふうだったから、分別《ふんべつ》ある考えを持つどころか、気がついた時には、偏見に振り回されていた。自分では気がつかなかったが、真理を追究する代わりに、まちがった考え方を育てていたのだ。

けれど、いったん自分で考えようという志を立て、それを始めてみると、驚いたことに、ものの見方は見事に変わった。与えられた考え方でものを見たり、実体のないところに力があると錯覚していたそれまでと比べて、物事は、なんと整然として見えたことか。

もちろん、私は今でも、他人から与えられた考え方をしているかもしれない。長年のうちに、他人から与えられた考え方が、そのまま自分の考え方になったものもあるだろう。実際のところ、若い時に教え込まれ、そのままずっとそれが正しいと思ってきたことと、後年になって、自分の力ではぐくんだ考え方の区別ができなくなることもあり得ない話ではない。

「思い込み」と「偏見」に振り回され回り道をしてしまった私の経験

私の最初の偏見は（少年時代のお化け、亡霊、悪夢などに対する誤った見方は除く）、古典に対する絶対主義だった。これは数々の古典を読んだり、先生方から講義を受けるうちに、自然に身についたもので、その信奉ぶりたるや、すさまじいものだった。

私は、この千五百年の間、この世に良識や良心は、かけらすらも存在しないと信じていた。良識あるもの、良心あるものは、古代ギリシャ・ローマ帝国と共に滅んでしまったと思っていたのだ。ホメロスとウェルギリウスは古典ゆえに正しく、ミルトンとタッソーは現代人であるがゆえに見るべきところがない、と考えていた。

しかし、今はちがう。今では、**三百年前の人間も今の人間も同じだということがよくわかる。**どちらもただの人間、**ただあり方や慣習が時として変わるだけで、人間の性質なんて今も昔も変わるはずがない。**動物や植物が千五百年前、三百年前と比べて何も進歩していないのと同じように、人間だって、千五百年前、三百年前のほうがしっかりしていて、勇敢で賢かった、などということはあり得ないのだ。

学者気取りの教養人は、えてして古典を信奉し、そうでない人は、現代ものの熱狂的なファンであることが多い。けれど、今書いたようなことを総合して考えてみると、**現代人も古代人も、長所もあれば短所もある、よいこともすれば悪いこともする、**ということにならないだろうか。遅まきながら、私はそう納得したのだった。

古典に対する思い込みも相当なら、宗教に関する偏見も相当なものだった。一時は、イギリス国教会のもとでなければ、この世で一番正直な人でさえも救われない、と本気で信じていたくらいだ。

当時はわからなかったのだ。**人の考えや意見は、そう簡単に変えられるものではない**ということが。また自分の意見がほかの人の意見とちがって当然のように、ほかの人も私と意見がちがっても当然で、それは許し難いことでもなんでもない、そして**たとえ意見がちがっても、お互いが真剣であればそれでいい、お互いに寛容になるべきなのだ**ということが。

三番目の思い込みは、前にも書いたが、社交界で目立つには、「一見遊び人風」を気取る必要があるという愚かな考えだった。「遊び人風」の人たちが社交界で注目を集めていると聞き、深く考えもしないで、そのまま自分の目標にしてしまったのだ。というより、それを否定して、自分の目標とする人々から嘲笑を受けたくない、という気持ちがあったのかもしれない。

けれど、今ではそんなもの、怖くもなんともない（この年では当然だが）。本人たちは「遊び人風」などと気取っているが、いくら博識の人でも、かれらの言う立派な紳士でも、「遊び人風」はただの汚点にすぎない。本人たちが認めてもらいたがっている人々から、かえって評価を下げられるだけだ。それに自分の欠点を隠そうとするどころか、ない欠点まであるように見せようとする人まで出てくる。偏見とは、つくづく恐ろしいものだと思う。

「一見もっともらしいこと」に惑わされるな

けれども、君に一番用心してもらいたいのは、誤ってはいるが、それほど馬鹿げていない考え方だ。それらは、理解力も優れ、考え方もしっかりした人たちが、時折真理を追究する努力を怠り、集中力を欠き、洞察力を持ち合わせていなかったため、そのまま放置されてきたものだ。

例はたくさんあるが、そのひとつに、有史以来ずっと信じ続けられてきた、「専制政治のもとでは、真の芸術も科学も育たない」というのがある。果たして、自由が制限されているところでは、才能も封じ込められてしまうものだろうか。この考えは一見もっともらしく聞こえるが、私はそうは思わない。

農業のような技術ならば、政治の形態によって、所有地や利益が保証されないような場合、たしかに進歩することは難しいかもしれない。けれども専制政治が、数学者や天文学者や、さらに言えば、雄弁家などの才能を抑えつけてしまうというのはどうだろうか。まずそんな実例など聞いたことがない。

たしかに、詩人や弁士が、好きな主題を好きなように表現できる自由は奪われるかもしれない。けれども、情熱を注ぎ込む対象が奪われるわけではない。仮にも才能があるのなら、それまで摘《つ》み取られてしまう恐れはないのだ。

何よりもこの考えが誤りであることを証明したのは、フランスの作家たちだった。コルネイユ、ラシーヌ、モリエール、ボワロー、ラ・フォンテーヌ、かれらは、アウグストゥス時代に匹敵すると思われるルイ十四世の圧制下で、その才能を花開かせたのだ。

アウグストゥス時代の優れた作家たちも、才能を発揮したのは、残忍で取り柄のない皇帝が、ローマ市民の自由を拘束してからだったことを思い出してほしい。また、手紙というものが見直されたのも、自由な風潮のもとではなかった。絶対的な権力を握っていた教皇レオ十世、そしてかつてなかった独裁政治を行なったフランソワ一世の時代に奨励され、保護されたのであった。

どうか誤解しないでもらいたいが、私は専制政治に肩入れして話しているのではない。独裁などということは、私がもっとも嫌うものだ。圧制は、人間の基本的権利を著しく侵害する犯罪的行為だと思っている。

まず「ほんとうに自分の考え」かどうか見直してみる

長くなったが、**自分の頭を使って、物事をしっかり考える習慣をつけてほしい。**まず、現在の君の考え方を一つひとつ点検し、**ほんとうに自分でそう考えたのか、人から教えられた通りに考えているのではないか、偏見や思い込みはないか、**と考えることから始めてほしい。

偏見がなくなったら、自分の頭を使って、いろいろな人の意見を聞き、正しいか正しくないか、どこが正しくないかを考え、**すべてを総合して、自分の考えを持ってほ**

しい。

もっと早くから自分で判断しておけばよかった、と悔やむことのないように、少しでも早く始めることだ。もっとも、人間の判断力がいつも正しいというわけではない。狂うこともあるだろう。けれど、**狂いの一番少ない指針であることに変わりはない。それを補ってくれるのが、本であり、人づき合いなのだ。**でも、本も人づき合いも、過信して鵜呑みにしてはいけない。それらはあくまでも、神が人間に与えたもうた判断力の補助にすぎない。

面倒なことはいろいろあるが、そのなかでも、**とりわけ多くの人々が手間を省きたがる「考える」という作業だけは、くれぐれも手を抜かないようにしてほしい**と思う。

3 どんな時にも曇ることのない正しい判断力を養う

どんな長所や徳のある行為にも、それと似通った短所や不徳があるもので、一歩足を踏み外すと、思ってもみない過ちを犯すことがある。**寛大さは、行き過ぎれば甘やかしになる。節約はケチになり、勇気は向こう見ずになり、用心深さは臆病になる。**

そう考えると、欠点のないように、不道徳な行為をしないようにと注意する以上に、**長所や徳を持っているということには、注意が必要なのではないかと思えてくる。**

不道徳な行為というのは、それ自体美しいものではない。だから一目見て思わず目をそむけてしまい、それ以上深入りしようという気は起こらない（もっとも、上手にカムフラージュしてあったら話は別だが）。

ところが道徳的行為というのは、それ自体美しい。だから、初めて見た時から心を奪われ、見れば見るほど、知れば知るほど魅せられていく。そして、やがて自分でも酔ってしまうのだ（美に関してはいつもそうだが）。

正しい判断が必要となるのは、この時だ。道徳的行為を、あくまでも道徳的行為であり続けさせるために、長所をあくまでも長所であり続けさせるために、酔いしれそうになる自分にムチ打って、踏みとどまらねばならない。

こんなことを持ち出したのはほかでもない、「学識豊か」という長所が陥りやすい落とし穴について話をしたかったからだ。

知識がたくさんあるということも、正しい判断力がなければ、「鼻持ちならない」とか「利口ぶって」などという、とんでもない陰口をたたかれることになりかねない。君も、いずれ多くの知識を身につけるだろう。その時のために、ふつうの人が陥りやすいワナにはまらないように、今から注意をしておくのも悪くないだろう。

知識は豊富に、態度は控えめに

学識の豊かな人は、知識に自信があるあまり、人の意見に耳を貸さないことが多い。そして一方的に判断を押しつけたり、勝手に決めつけたりする。

そんなことをすれば、どういうことになるだろう。そう、抑えつけられた人たちは、侮辱された、傷つけられたと感じ、おとなしく従ってはいない。憤り、反抗するだろう。ひどい場合には、法的手段にだって訴えかねない。

これを避けるには、**知識の量が増えれば増えるほど、控えめにすることだ。確信の**

ある事柄についても、あまり確信がないふうを装う。意見を言う時も、言いきってしまわない。人を説得しようと思ったら、相手の意見にじっくり耳を傾ける。そのくらいの謙虚さがなければいけない。

もし君が、学者ぶって鼻持ちならない奴だと言われるのが嫌だったら、かといって学がないと思われるのも嫌だったら、一番いいのは、ことさらに知識をひけらかさないようにすることだ。周りの人たちと同じように話す。飾りたてないで、純粋に内容だけを伝達するといい。周りの人より少しでも偉そうに見えたり、学がありそうに見えてはいけない。

知識は懐中時計のように、そっとポケットにしまい込んでおけばいい。見せびらかしたくて、必要もないのにポケットから取り出してみたり、時間を教えたりする必要はない。時間を聞かれたら、その時だけ答えればいい。時間の番人ではないのだから、聞かれもしないのに、時を告げることはない。

学問は、身につけていなければ困る、役に立つ装飾品のようなものだ。身につけていなければ、とても恥ずかしい思いをする。けれど、今私が書いたような過ちを犯してそしりを受けないように、よくよく注意しなければならない。

4 根も葉もついた話ばかりでは立派な実はならない

今日は疲れてしまった。へとへとだ。いや、ひどい目に遭ったと言うべきか。親戚筋の、学識豊かで実に立派な紳士が私を訪ねてきてくれて、一緒に食事をとり、一緒に夕べのひと時を過ごしたのだ。

と、こう書くと、どうして？　反対に楽しかったんじゃないの？　と思うかもしれないが、これがほんとうにひどかったのだ。

この人物は、礼儀も知らなければ、ものの言い方ひとつ知らない、いわゆる「学者バカ」だった。

俗に世間話のことを「根も葉もないくだらない話」と言ったりするが、この人の話は、なんと根も葉もついた話ばかりだった。これにはうんざりした。当たりさわりのない世間話なら、根も葉もないほうが、どれだけ有難いかわからない。

たぶん、長い間研究室に閉じ籠《こ》もって、ありとあらゆる事柄について考えを練り、自説を確立したのだろう。事あるごとに自説を持ち出し、私が少しでもそこからはずれたことを言おうものなら、目をむき憤慨するのだ。たしかにかれの御説は、いちいちごもっともだ。ところが、残念ながら現実性に欠けている。

なぜだかわかるか。**本ばかり読んでいて、人とつき合うことをしなかったからだ。学問には詳しいが、人間についてはまるで無知だからだ。**

自分の考えを言葉にする時も、その生みの苦しみはすさまじいものだった。なかなか言葉が出てこない。出てきたと思ったら、すぐ途切れる。しかも、その話し方はぶっきらぼう、動作はがさつそのもの。私はつくづく思った。いくら学識豊かな立派な人物でも、こんな人と話をしなければならないくらいなら、少しは世間のことを知っている、無教養なおしゃべり女と話した方がどれだけましかと。

「学識豊か」の「世間知らず」ほど始末の悪いものはない

世間知らずのふりかざす理論は、世の中は、そう型通りに進むものではないということを知っている人間を消耗させる。仮に、世の中はそんなものじゃありませんよ、と口をはさむにしても、それを始めたらきりがないし、それに相手は、こちらの言葉には耳も貸さないだろう。

それもそのはず、敵はオックスフォードかケンブリッジで、体がさびつくほど考えたのだ。たとえば、人間の頭脳について、心について、理性、意志、感情、感覚、感傷について……等々、ふつうの人が考えつかないところまで細分化して、人間をとことん研究し、分析し、そうやって自説を確立したのだ。そうやすやすと引き下がるわけがない。自分が正しいと思うのも当たり前なのだ。

私は、それはそれで立派なことだと思う。ただし困るのは、実際に人間を観察したことも、つき合ったこともないので、**世の中にはいろんな人間がいること、いろんな**

慣習、偏見、嗜好があること、そしてそれらをひっくるめたうえで一人の人間が存在するということが、皆目わかっていないことだ。要するに、実際の人間のことには、まるっきり無知だということだ。

そんなふうだから、たとえば研究室で「人間はほめられると嬉しい」ということを発見して、自分もそれを実践しようとしたとしても、その方法がわからない。わからなければどうする？　そう、めったやたらにほめまくるしかない。そうすれば結果がどうなるかは、容易に想像がつくだろう。

ほめたはずの言葉が場違いだったり、的確でなかったり、間が悪かったり……。そんなことなら、何も言わないほうがましだったということになる。かれらは、自分のことで頭がいっぱいで、周りの人が今どんな状況にあるのか、どんな話をしているのか、といったことにまで気が回らないのだ。また、回そうという気すらない。

だから思い立ったが吉日、あとさき考えずにほめてしまう。ほめられた人が、戸惑い、うろたえ、次に何を言われるかとはらはらするのも無理はない。

人間はどんな色にでも変わることができる

世間知らずの学者には、アイザック・ニュートンがプリズムを通して光を見た時のように、人間が色分けして見えるのだ。この人はこの色、あの人はあの色というふうに。ところが、経験豊かな染め物屋はちがう。色には明度があり、彩度があることを知っている。一色に見えても、いろんな色が混ざり合っていることを知っている。

そもそも、一色だけでできている人間などいないのだ。多少はほかの色が混ざったり、影が入ったりしている。それだけではない。絹が、光の当たり具合でどんな色にでも変わるように、**状況に応じて、どんな色にも変わるのが人間なのだ。**

こんなことは、世間を知っている人ならだれでも知っている。だが、世間から隔離され、一人研究室に閉じ籠もっている自信満々の学者には、それがわからない。これは、頭で考えてもわかることではない。だから、勉強したことを実践しようとしても、ちぐはぐで思うようにいかないのだ。人が踊っているのを見たことのない人や、ダンスを習ったことのない人は、いくらら譜面が読め、メロディーやリズムが理解できても踊れないだろう。あれと同じだ。

その点、自分の目で見、耳で聞いて世間を知っている人は、全然ちがう。同じように「ほめる」威力を知ったなら、いつ、どこで、どのようにそれを使えばいいかを、ちゃんとわきまえている。いうなれば、患者の体格に応じた投薬ができるのだ。

かれらは、直接ほめることはほとんどしない。婉曲に、比喩的に、あるいは暗示的にそれを行なう。しょせん、**頭で考えることと現実には、大きな隔たりがある**ということだ。

本から得た「知識」は実生活で活かしてはじめて「知恵」となる

ところで君は、知識も人格もはるかに劣った人たちが、優れた人たちを、相手に気づかれないように上手に操っているのを見たことはないだろうか。私は、これまでに幾度となくそういう例を見てきた。こういうことが起こるのは、きまって、劣った人たちのほうが世智《せち》にたけている場合だった。かれらは、知識も人格もあるが世情にうとい人たちの盲点につけ込んで、思い通りに動かしているのだ。

自分の目で見て観察し、実際に体験して世間のことを知っている人は、単に本を通してしか世間のことを知らない人間とは根本的にちがうし、より優れているということだ。それは、よく仕込まれた馬が、ロバよりもはるかに使いものになるということと同じだ。

君も、そろそろ**今まで勉強してきたこと、見聞きしたことを総括して、自分なりの判断を加え、自分の人格なり、行動形式なり、礼儀作法なりを固めなければならない**時期にさしかかっている。あとは、**世間を知って、さらに磨きをかける**だけだ。その意味で、世間について書かれている本を読むのはいいことだ。書いてあることと現実を比較してみると、勉強になるだろう。

たとえば午前中の勉強の時間に、ラ・ロシュフコーの箴言《しんげん》をいくつか読み、深く考察したとしよう。それを、夜、社交の場で会う人々に当てはめて考えてみるといい。

ラ・ブリュイエールを読んだら、そこに描かれている世界はどういうものかを、実際に夜の社交の場でたしかめてみるのだ。

人間の心の動きや感情の揺れなど、本にはいろんなことが書いてある。それを前もって読んでおくのはいいことだ。けれど、それで終わってはいけない。**実際に社会に足を踏み入れてみる、観察する、そういうことをしなければ、せっかく得た知識も生きてはこない。**それどころか、誤った方向へ進んでしまう。部屋のなかで、世界地図を広げてじっとにらんでいたところで、世界のことは何もわかりはしないのだ。

5 どうしたら自分に「説得力」がつくか

私がイギリスで、ユリウス暦をグレゴリオ暦に改正する法案を上院に提出した時のことについて、今日は、詳しく話をしよう。きっと、君の参考になると思う。

ユリウス暦が、太陽暦を十一日超過している不正確な暦《こよみ》だということは、周知の事実だった。それを改正したのが教皇グレゴリウス十三世で、グレゴリオ暦は即座にヨーロッパカトリック勢力に受け入れられ、続いて、ロシアとスウェーデンとイギリスを除く、すべてのプロテスタント勢力に受け入れられた。

ヨーロッパの主勢力がグレゴリオ暦を採用しているなかで、依然としてわが国が、誤りの多いユリウス暦を採用していることは、はなはだ不名誉なことだと私は思った。私のほかにも、海外を行き来していた政治家や貿易商など、不便や不都合を感じている人は大勢いたようだった。

そこで私は、イギリスの暦を改正すべく、行動を起こそうと決心した。

一国の歴史を塗りかえた「私の話し方」

まず、国を代表するような優れた法律家と、天文学者何人かの協力を得て法案を作成した。ここからだ、私の苦労が始まったのは。法案には、当然のことながら法律の専門用語や、天文学上の計算がたっぷり盛り込まれている。そして、それを提案することになっていたのが、そのどちらにも不案内の私だったのだ。

法案を成立させるには、私にも多少の知識があることを、議会の人々に知らしめる必要があったし、また、私と同じようにこういうことに不案内の議員たちにも、少しは理解したような気分になってもらう必要があった。

私に関して言えば、天文学の説明をするのも、ケルト語やスラブ語を覚えてそれで話をするのも、たいした苦労ではなかったが、議員たちにしてみれば、難しい天文学の話などあまり興味が持てないに決まっていると思った。そこで思いきって内容説明や専門用語の羅列はやめにして、**議員たちの心をつかむことにのみ、心を傾けることにした。**

私は、エジプト暦からグレゴリオ暦に至る経緯だけを、時折り逸話を織りまぜながら、面白おかしく説明した。**言葉、文体、話術、身ぶりには特に神経を集中させて。**これは成功した。これから先だって、こういう方法は成功するにちがいない。

議員たちは、理解したような気になっていた。科学的説明など何もしなかったし、そうするつもりもなかったにもかかわらず、何人もの議員たちが、私の説明で、すべてがはっきりしたと言明した。

私の説明に続いて、法案通過の後押しをすべく、法案作成にだれよりも力を貸してくれた、ヨーロッパ随一の数学家であり天文学者でもあるマクレスフィールド卿が、専門的な話をした。ところが、かれの話しぶりはあまり好ましくなかったようで、実に理不尽な話なのだが、私のほうにすべての称賛が集まってしまった。世の中とはそんなものだ。

君だって覚えがあるだろう。話しかけてきた人ががさつな声で、変な抑揚をつけて話したり、言葉の使い方が目茶苦茶だったり、語順もまちがいだらけだったら……。そんな場合、話の内容に耳を傾ける気すら、いや、その人の人格に目を向ける気すら、なくなりはしないだろうか。少なくとも私はそうだ。

ところがこれと正反対に、**好感の持てる話し方をする人は、話の内容まで立派に聞こえたり、その人の人格にまでほれ込んでしまうことはないだろうか。**

内容もさることながら枝葉の部分こそ大切なのだ

もし君が、伝えたい内容を何の飾りもつけずに、理路整然と話せればそれで十分だと思っているなら、それはとんでもないまちがいだ。**人前で話をする時は、話の内容ではなく、能弁か否かでその人の評価が決まってしまう。**

私的な集まりで人の心をつかみたい時でも、公的な会合で聴衆を説得したい時でも、大切なのは、内容もさることながら、**その人の雰囲気、表情、身ぶり、品位、声の出し方、訛《なまり》の有無、どこを強調するか、抑揚など、いわば枝葉の部分**なのだ。

私はピット氏と、ストーマウント卿の伯父に当たる司法長官のミューレイ氏が、この国でもっともスピーチのうまい人物だと思っている。この二人以外に、イギリス議会を静かにさせることのできる人、論争の過熱を鎮《しず》めることのできる人はいない。この二人のスピーチは、あの騒々しい議員たちを黙らせ、一心に耳を傾けさせる力を持っている。どちらかがスピーチをしている最中に行ってみるといい。ピンが落ちる音まで聞こえるほどだ。

なぜ、二人のスピーチがそんな力を持っているのか。内容がすばらしいのだろうか。裏付けがしっかりしているのだろうか。

私も、かれらのスピーチに魅せられた人間の一人だが、家に戻ってなぜそうなるのかを考えてみたことがある。いったいあの人たちは、何をしゃべったのだろうかと、一つひとつ改めて考えてみると、驚いたことに内容はほとんどなく、主旨も説得力に欠けることが多かった。つまり、うわべの虚飾に魅せられていたにすぎなかったのだ。

何の飾りもない理路整然とした話し方は、知的な人間が二、三人集まる私的な集まりでは、説得力もあるし、魅力もあるかもしれない。けれど、たくさんの人間を相手にする公的な場では、通用しない。

世の中とはそういうものだ。**私たちは、スピーチで何かを教えられるよりは、楽しく聞けることのほうを選ぶ。**元来、人にものを教えられるということは、あまり気分の良いことではない。無知だと言われているようなものなのだから。**スピーチがすんなり聞く人の耳に入り、人の称賛を浴びるには、まず、喉ごしがよくなくてはならな**

いのだ。

これは、スピーチのあまり得意でない、この国の人々にとっては、そして特に君にとっては、考え直してみる価値のある、重要なことではないだろうか。

6 自分を表現する「言葉」を日々どう磨くか

話し上手の人間になりたかったら、どうしたらいいのだろうか。

「話し上手になりたい」という目標を常に心に置いて、その実現のために本を読んだり、文章の練習をするなど、全神経をそこに集中させるのだ。

とりあえずは、自分にこう言いきかせてみる。**私は社会でいっぱしの人間になりたい。そのためには、話がうまくなくてはならない。**まず、日常会話を磨き、正確で品位があり、気取りのない話し方を身につけるよう心がけよう。古典、現代ものを問わず、雄弁家の書いた本を読もう。話がうまくなるためだけにそれを読もう。そう自分に言いきかせるのだ。

本からよい表現を盗む

実際、そういう目的で本を読む時は、**文体、言葉の使い方に気をつけるといい。どうすればもっとよい表現になるか、自分が同じことを書いたとしたらどこが劣っているか、を考えながら読む**のだ。

同じ意味合いのことを書いていても、著者によってどれだけ表現がちがうか、表現がちがったら、同じことでもどれだけ印象がちがうか、に気をつけながら読むといい。どんなにすばらしい内容でも、言葉の使い方がおかしかったり、文章に品位がなかったり、文体がそぐわなかったら、どれだけ興ざめするかをよく観察しておくといい。

話し方・書き方に自分独自の「スタイル」を工夫する

また、どんなに自由な会話でも、どんなに親しい人にあてた手紙でも、**自分のスタイルを持つ**ということは大切なことだ。

話をする前に準備をすることは大切だが、それができなかった場合でも、せめて話し終わった後に、もっといい話し方はなかったか、と考えてみるだけでも向上につながるだろう。

言葉は正しく使い、はっきりと発音する

君は、私たちの心をひきつける役者たちが、どういうふうに話をしているかに気をつけたことがあるだろうか。よく観察してみるとわかるが、**いい役者というものは、はっきりと発音し、正確な言葉に重きをおくものだ。**

言葉というものは、概念を伝達するためにあるのだ。それなのに、概念の伝わらない話し方をしたり、耳を貸したくない話し方をしたのでは、愚かなことこのうえない。

ハート氏にお願いするといい。毎日、大きな声を出して本を朗読し、それを聞いてもらうのだ。息継ぎのしかた、強調のしかた、読む速度などに不適当なところがあったら、いちいちそこでストップをかけてもらって、訂正してもらうといい。読む時は口を大きく開けて、一語一語はっきりと発音すること。少しでも早かったり、言葉が不明瞭だったら、そこで止めてもらうことだ。

一人で練習する時も、自分の耳でよく聞いて、初めはゆっくり読んで、早口という君の悪い癖を直すように心がけたほうがいい。君の発音には、引っかかるような感じがあって、早口でしゃべった時など、聞き取りにくいことがあるからね。

毎日、自分の考えを文章にまとめる訓練をする

社会的な問題をいくつか取り上げて、それについて出てくるであろう賛成意見、反

対意見を頭のなかで考え、論争を想定し、それをできる限り的確な言葉で表現してみる、というのもいい勉強だ。

たとえば、防衛力の強化について考えてみるとしよう。反対意見のひとつに、強大な軍備力によって、周辺の国に脅威を与える恐れがあるというものがあるだろう。賛成意見のひとつに、力には力で対抗する必要がある、というものがあるだろう。

こういった賛否両論を考え得る限り考えて、たとえば、本質的には悪である常備軍を持つことが、状況によっては、他国の悪を防ぐ必要悪となり得るかどうかなど、じっくり考えてみるのだ。そうやって**自分なりの考えをまとめ、それを優雅な文章にまとめてみるといい。議論の練習にもなるし、常にうまく話す習慣を身につけることにもつながる。**

「聴き手は何を望んでいるか」を考える

人を制するには、過大評価しないことが大切だと言ったことがあると思うが、**ス**

ピーチで聴衆を喜ばせるにも、聴衆を過大評価しないことが大切だ。私も初めて上院議員になった時は、議会が尊敬に値する人ばかりの集まりのような気がして、ある種の威圧感を感じたものだ。けれどそれも、議会の実情を知るとすぐに消えてしまった。

私にはわかったのだ。五百六十人の議員のうち、思慮分別のある人間はせいぜい三十人かそこらで、あとはほとんど凡人に近いということが。そして、品位あふれる言葉に飾られた、内容の濃いスピーチを求めているのは、その三十人程度の人間だけで、あとの議員たちは、内容はどうであれ、耳に心地よいスピーチさえ聞ければ満足するのだということが。

それがわかってからは、スピーチする度に緊張も少なくなり、最後には聴衆をまったく気にせずに、話の内容と話術にのみ集中できるようになった。うぬぼれて言うわけではないが、ある程度内容をともなった話ができるくらいの良識を、自分は備えていると思い始めたのだ。

雄弁家は、器用な靴職人と似ているのではないだろうか。どちらもいかに相手——聴衆、顧客に合わせるかをつかめば、あとは機械的にできる。もし君が聴衆を満足させたかったら、聴衆が喜ぶ方法で満足させなければならない。**スピーチをする人は、聴衆のありようまで左右できない。ありのままのかれらを受け入れるしかないのだ。**そして、何度も言うようにかれらは、五感や心をとらえるものだけを喜び、受け入れる。

ラブレーだって、最初の傑作はだれにも受け入れられなかった。読者の嗜好に合わせて、『ガルガンチュア物語』や『パンタグリュエル物語』を書いて、初めて読者に気に入られ、喝采を浴びたのだ。

7 「自分の名前」に自信と誇りを持て

先日、君からの請求という、額面九十ポンドの請求書が届いたが、私は一瞬、支払うのをやめようかと思った。金額が問題だったのではない。こういう場合は、前もって相談の手紙をくれるのが慣例になっているにもかかわらず、君がこの件について、手紙ひとつよこさなかったというのが理由のひとつだ。

けれどそれ以上に、君の署名がどこにあるのかわからなかったのだ。請求書を持ってきた人物がさし示す箇所を拡大鏡で見て初めて、一番下に君の署名があることに気づいた。初めは字の書けない人の、×印サインかと思っていたのが、なんと君の署名だったというわけだ。私は、あれほど小さくて見苦しい署名を見たことがない。

紳士、あるいはいやしくもビジネスの世界に身をおく者は、いつも同じ署名をするのが慣例となっている。そうすることによって、自分の署名に慣れ親しんでもらい、偽物がまかり通るのを防ぐのだ。また、ふつう署名する時は、ほかの文字よりも大きめに書く。ところが、君の署名ときたらほかの文字よりも小さかったし、ひどく見にくかった。

この署名を見て、こんな書き方をしている間に君の身に起こりうる、様々なよからぬ事態を想像してしまった。閣僚にこんな署名の入った手紙を送ったら、これはふつうの人間の書く字ではない、機密文書かもしれない、と暗号解読係へ回されるだろう。もしひな鳥を送るふりをして、なかに恋文を忍ばせたら（これは、フランスのアンリ四世が恋文を送る時によく使った手で、このために今では、ひな鳥も短い恋文も共にpouletという言葉で表されている)、受け取った婦人は、その恋文は家禽商《かきんしょう》の手になるものと思うにちがいない。

急げ、しかし慌てるな

慌てていたからあんな署名しかできなかった、君はそう言うかもしれない。では、どうして慌てていたのだろう。

知性ある人間というものは、急ぐことはあっても慌てることはない。慌てると、事をし損じることを知っているからだ。だから、急いで仕事を仕上げることはあっても、急ぐことによって仕事がいい加減にならないように、常に心を配っているものだ。

小心者が慌てるのは、課せられた仕事の荷が勝ちすぎている(たいていはそうだ)、とわかった時だ。自分の手に負えないと思うものだから、慌てふためき駆けずり回り、頭を悩ませ、結局混乱して何が何だかわからなくなる。何もかもを一時にやってしまおうとするので、どれにも手がつけられなくなるのだ。

その点、分別のある人間はちがう。手をつけようとする仕事を、きちんと仕上げるのに必要な時間を前もって用意しておき、急ぐ時も、ひとつの仕事を一貫して急いで仕上げる。つまり、**急いでも常に冷静沈着で慌てることがなく、ひとつの仕事を仕上げてしまわないうちは、次の仕事に手をつけない**のだ。

君もいろいろとすることが多くて、時間が十分に取れないことはよくわかる。けれどすべてをいい加減にやるくらいなら、半分は完璧にやり、残りの半分は手つかずのままにしておいたほうがずっといい。それに、その辺の教養のない人間と見まがうほどの字を書く愚かしさ、**品位のなさと引きかえに稼いだ何秒間など、何の役にも立ちはしない**のだ。

第5章

「最高の人生」を送る日々の心がけ

——仕事（勉強）も遊びもしっかりやれ。

父の戒《いまし》めは、みなわが身の幸《さいわい》

小林一茶（俳諧師）

1 今日の「一分」を笑う人は明日の「一秒」に泣く

富や財産をうまく使える人は少ない。けれどもっと少ないのが、時間をうまく使える人だ。そして、時間をうまく使えるほうが、富や財産をうまく使えるより大切なのは、言うまでもない。

私は、君に、このふたつをうまく使える達人になってもらいたいと思っている。君も、そろそろそういうことを考えてもいい年だ。もっとも若い時は、時間はたっぷりある、いくら無駄遣いしてもなくなることはない、と考えるものだ。けれどそれは、莫大な財産を使い果たしてしまうのに似て、気づいた時には手遅れで、どうしようもない状態になっていることが多い。

かのウィリアム三世、アン女王、ジョージ一世の時代にその名を馳《は》せた、今は亡きラウンズ財務大臣は、生前よくこう語っていた。「一ペンスを笑ってはいけない。一ペンスを笑う者は一ペンスに泣く」と。これは真実だと思う。大臣は自らこれを実践した。その結果、二人の孫に莫大な財産を残している。

これは、すっかりそのまま時間にも当てはまるのではないだろうか。**一分を笑う者は、一分、いや一秒に泣くのだ。**だから、十分でも十五分でもおろそかにしないように。十分や十五分だからといっておろそかにしていると、一日に何時間も無駄にすることになる。それが、一年分たまると、それはもう、ちょっとどころではない。相当な時間になる。

「空き時間」を「空白の時間」にしない過ごし方

たとえば、十六時にどこかでだれかと待ち合わせをしているとしよう。君は、十一時に家を出て、その前に二、三人の家を訪ねるつもりでいる。ところが、そのなかのだれかが不在だった。君は、どうする？　コーヒーハウスにでも入って時間をつぶすかい？　私ならそうはしない。私なら、まず家に帰る。そして手紙を書く。そうしておけば、あとでもう一度待ち合わせの場所に行く時、それを投函できるからね。

手紙を書き終えても、まだ時間に余裕がある場合は、本でも読む。時間が短いので、デカルトやロックやニュートンのような、難解なものは適さないだろうね。むしろ、ホラティウスやボワロー、ワラーのような、短くて知的で楽しいものがいいだろう。**こうやって空き時間を有効に使えば、時間の節約になる。少なくとも退屈な時間の使い方ではない。**

世の中には、だらだらと時を過ごす人が大勢いる。大きな椅子にもたれてあくびをしながら「何かを始めるには、ちょっと時間が足りないし……」などと、のたまう。けれど実際に時間が空いても、こういう人は何かを始めることなどない。結局、何もしないで時は過ぎ去っていく。気の毒な性格という以外ない。たぶんこういう人は、勉強でも仕事でも大成することはないだろう。

のんびりと暮らすことは、君の年ではまだ許されない。私の年になって、初めて許されることだ。君は、言うなれば世間にちょっと顔を出したばかりだ。行動的で、勤勉で、根気強くて当たり前なのだ。

これからの数年間が、君の一生にどれだけ大きな意味を持つか考えてみてほしい。

そうすれば、一瞬たりともおろそかにはできないはずだ。

といっても、一日中机にかじりついていなさいと言っているのではない。そんなことを勧める気もないし、そうしてほしいと思ったこともない。ただ、何でもいい、**何かをしていることが大切なのだ。**二十分だから、三十分だからといって、馬鹿にして何もしないでいると、一年後には相当の損失になる。

たとえば一日のなかでも、勉強と遊びの合間など、ちょっとした空き時間が何度かあるはずだ。そんな時、ぼんやりとあくびをしているようではいけない。どんな本でもいいから、手近にあるものを手に取って読んでみるといい。たとえ小話集のようなくだらない本でも、読まないよりはましだろう。

トイレの「わずかな時間」を最大限に生かした男の話

私の知り合いに、時間の使い方がとてもうまく、ちょっとした時間も無駄にしない人がいる。下世話な話で恐縮だが、この男は、トイレに入っているわずかな時間まで有効に利用して、古代ローマ詩人の作品を少しずつ読み、ついには読破してしまった。たとえばホラティウスが読みたいとしよう。この男は、ホラティウスの詩集のありふれた普及版を買っておく。それを、トイレに行く度に二ページずつ破って持って行って、トイレのなかで読む。読み終わった紙は、そのまま水の女神クロアキナへの捧《ささ》げものとする。つまり使い捨ててくる。これを繰り返すのだ。

たしかに、これはかなりの時間の節約だと思わないか。君も試してみたらどうだろう。ほかになす術もなくじっとしているより、ずっといいかもしれない。それにこのようにすると、読まなければならない本の内容が、いつも頭のなかに残っていてなかなかいいかもしれない。

もちろん、どんな本でもいいというわけではない。続けて読まなければ理解しにくい、科学関係の本や内容の難しい本は適さないかもしれない。けれどそういう本でなくても、何ページかずつ破って読んでも十分意味が通じ、なおかつ有益な本もたくさんある。そういう本を選んで読むといい。

わずかな時間でも、このように有効に利用すると、気がついた時には相当のことができている。ところが、わずかだからと何もしないでいると、あとで取り返そうと思ってもなかなかできない。だから、一刻一刻を有意義に使ってほしい。何もしないでいるよりは、楽しかったと思えるような過ごし方を考えるといい。

これは、何も勉強だけに限ったことではない。遊びだって、時によっては必要だし、大切なものだということは前にも言った。**人間は遊びを通して成長し、一人前になっていく。**気取りや構えを取り払った時の人間の姿を教えてくれるのも、遊びだ。だから、**遊んでいる時も、のんべんだらりとしていてはいけない。集中して遊んでほしい。**

「手順のよさ」は頭のよさ

ビジネスには、ふつう一般の人が考えている手品のような力や、特殊な才能は必要ない。手順と勤勉さと分別さえあれば、才能だけあって秩序のない人間より、はるかにうまく仕事がこなせるはずだ。

君も社会人の一歩を踏み出した今、早速すべてを体系だてて進める癖をつけることだ。**手順を決め、それに従って物事を押し進めていくことこそ、仕事を能率よく仕上げるコツだ。**すべてに――ものを書く、本を読む、時間を配分する等――手順を決めることだ。そうすることによってどれだけの時間が節約できるか、どれだけうまく事が運ぶか、それは想像以上だ。

マールバラ公爵を思い起こしてごらん。あの人は一秒たりとも無駄にせず、同じ一時間の間に、ふつうの人の何倍もの仕事を詰め込み片づけてしまった。反対に、ニューキャッスル公爵のあの慌てぶり、混乱ぶりは仕事のせいではない。仕事に秩序、手順が欠けているせいだ。ロバート・ウォルポール元首相は、人の十倍の仕事を抱えていたが、慌てているところを見たことがない。仕事をする手順がきっちりと決まっていたからだ。

どんなに能力のある人物でも、手順を決めずに仕事をすれば頭のなかが混乱して、お手上げの状態になるにちがいない。

君は怠惰なほうだ。これからは怠惰でなくなるように、ここで踏んばってもらいたいものだ。自分に言いきかせて二週間でいいから、仕事のしかた、手順を模索してほしい。そうすれば、あらかじめ決めておいた手順通りに物事を進めることがどんなに好都合で、どんなに好結果をもたらすかがわかって、二度と、手順に従わないで何かをするということができなくなるだろう。

2 うまく遊びながら自分を伸ばせ

遊び、娯楽は、ほとんどの若者が乗り上げる暗礁《あんしょう》のようなものではないだろうか。たくさんの帆《ほ》をいっぱいにふくらませて、楽しみを求めて船出したのはいいが、気がついてみると、方向を見極める羅針盤《らしんばん》もなければ、舵《かじ》を取るのに必要な知識もない。これでは、目的地である真の楽しみにたどりつけるはずがない。不名誉な傷を負い、ヨタヨタしながら港に帰ってくるのがオチである。

こう書くと誤解されそうだが、私は、禁欲主義者のように楽しみを忌み嫌う者でもなければ、牧師のように快楽に溺《おぼ》れてはいけませんと説く者でもない。むしろ快楽主義者に近く、いろんな遊びをひもといて見せ、おおいに遊びなさいと奨励したい。

ほんとうだ。おおいに遊んでほしい。私はただ、君がまちがった航路を進まないように修正するだけだ。

君は、どんなことに楽しみを見出しているだろうか。気の合った友人と、大金を賭《か》けない、節度あるトランプ遊びに興じているだろうか。陽気で品位ある人々と、少しは楽しく食卓を共にしているだろうか。一緒にいて啓発されるような人物と、親しくつき合う努力をしているだろうか。

私を親友だと思って、何でも心おきなく話してほしい。私は、君の楽しみをいちいち検閲するような真似はしない。むしろ人生の道先案内人として、遊びへの橋渡しをさせてもらいたいと思っている。

若者が陥りやすい遊びの「落とし穴」

若者は、えてして自分の嗜《し》好《こう》とは無関係に、形だけで楽しみを選びがちだ。極端な場合、不節制こそ遊びの真のスタイルだと勘違いする人までいる。

君だってそうじゃないだろうか。たとえば酒——酒はたしかに心身に悪影響を及ぼしはするけれど立派な遊びだ、そう考えているのではないだろうか。ギャンブルだって、そりゃあ何度となく負け、たまには無一文になることもあるし、荒々しい態度になることもあるけれど、面白い遊びのひとつじゃないか、そう思っているのではないだろうか。

君もわかっているだろうが、今私が挙げたものは、どれもくだらない遊びばかりだ。ところがそのくだらない遊びが、多くの若者の心をとりこにしている。かれらは、よく考えもしないで、他人が娯楽と呼ぶものをそのまま受け入れてしまっているのだ。

君の年では、遊びに夢中になるのは至極当然だし、遊んでいる姿が一番似合うのもたしかだ。けれど、**若さゆえに対象を誤ったり、まちがった方向に突き進む恐れもおおいにある。**たとえば「一見遊び人風」というのが、若者におおいに受けているが、かれらは果たして自分の行きつく場所がわかって、悪に染まることを望み、不節制を繰り返しているのだろうか。

昔の話だが、強烈な例がある。ある若者が、立派な遊び人になってやろうと、フランスのモリエール原作の翻訳劇『落ちぶれた放蕩者《ほうとうもの》』(“Le Festin de Pierre”)を観に行った。主人公の放蕩ぶりに感激したこの男は、自分も「落ちぶれた放蕩者」になってやろうと意を決した。友だちの何人かが、「落ちぶれた」はやめにして、「放蕩者」だけで満足したほうがいいんじゃないかと説得してみたが、効き目はなく、かれは陽気にこう言ったという。「だめだ、だめだ。〝放蕩者〟だけじゃだめなんだよ。〝落ちぶれた〟がついてなきゃあ、完全じゃないんだ」

「なんて無茶な……」と思うかもしれないが、これが、実は多くの若者の現実なのだ。外見だけにとらわれて、自ら考える余裕もなく、手当たり次第に飛び込む。そして最後は、ほんとうに「落ちぶれて」しまうのだ。

「遊び」にも自分なりの「目的」を持つ

あまり話したくないことだが、君の参考になるかもしれないので、恥をしのんで私自身の体験談を話そう。

私もご多分にもれず、若い頃は自分の嗜好とは無関係に、「遊び人風」と見られることに価値を見出した愚か者の一人だ。そう、愚か者の私は、もともと好きでもない酒を、「遊び人風」に見られたいがために飲み、飲んでは気分が悪くなり、二日酔いになり、それでもなおかつまた飲む、といった悪循環を延々と続けた。

ギャンブルも似たようなものだった。お金には不自由していなかったので、お金がほしくて賭けをしたことは一度もない。が、やはり「ギャンブルをする」ことが紳士の必須条件と考えた。そこでやみくもに飛び込んだわけだが、もともと好きな性質《たち》ではない。人生でもっとも充実した数年間を、だらだらとギャンブルに引きずられながら過ごした。そのお陰で、ほんとうの楽しみを棒に振ってしまった。

たとえ少しの間でも、憧れの人間像に近づくために、外見をとりつくろおうとするなんて、なんと馬鹿だったのかと、いまさらのように恥ずかしく思う。しかし、とにもかくにも、私はこれらの愚行をいっさいやめてしまった。うしろめたさを感じたのだ。おぞましい気がしたのだ。

一種の流行病に侵され、形だけの遊びに飛び込んだ私は、その代償として真の楽しみを奪われた。財産は減った。健康も害した。けれど、それもこれもすべて、天から下った罰だと思っている。

私の愚かな体験談から、何かを学んでくれただろうか。君には、自分で自分の楽しみを選んでほしいと、心から思っている。**遊びに振り回されてはいけない。皆がそうだからといって、自分もそうする必要はない。**自分は自分と考えることだ。まず、現在君が楽しんでいる遊びを全部思い出して、そのまま続けたらどうなるか、一つひとつ考えてみてほしい。そのうえで続けるかやめるかは、君の了見に任せよう。

「楽しそうに見えること」と「ほんとうに楽しいこと」を見分ける目

今、もし私が君の年で、これまでの経験をそのまま引きずって、もう一度やり直すことができるとするなら、どんなことをするだろう。まず、**楽しそうに見えることではなくて、ほんとうに楽しいことだけをしよう。**そのなかには、友人と食事をしたり、ワインを飲んだりすることも、もちろん含まれる。けれど、食べ過ぎたり飲み過ぎたりして、辛い思いをしない程度で抑えておこう。

二十歳では、ほかの人にまで注意をして歩く必要はない。わざわざ自分の流儀を押しつけたり、相手を非難して嫌われることはない。他人は他人で、好きなようにさせればいい。けれど、**自分の健康に関してだけは、きちんとコントロールしよう。**自分の健康に関心のない人はしかたがない。

ギャンブルもしよう。苦しむためではなく、楽しむために。ほんのわずかのお金を賭け、いろんな種類の友だちと楽しむのだ。そうやって環境に順応するのも大切なことだ。ただし、賭け金だけは慎重に。勝っても負けても、生活が変わらない程度に、少し生活費を切りつめる程度ですむ範囲内にしよう。もちろん、ギャンブルで理性を失ってけんかをするなど論外だ。もっとも巷《ちまた》ではよくある話らしいが。

読書にも時間を割《さ》こう。分別のある教養人との会話にも時間をとっておこう。できれば私より優秀な人がいい。

ふつうの社交界の人たちとも、男女を問わず頻繁に交流したい。話の内容はそれほど充実していないことが多いが、一緒にいると素直な気持ちになれるし、元気も出る。それに人に対する態度など、見習うべき点も多い。

もう一度君の年から人生をやり直せたら、私は、今書いたような楽しみ方をしたい。どれも分別のあるものばかりだと思わないか。しかも、こういったものこそ、真の遊びと言えるのではないだろうか。**真の楽しみを知っている人は、道楽に身をやつすことはない。**知らない人だけが、道楽を真の楽しみと思っているのだ。

それが証拠に、酔っ払って足取りもおぼつかない人と仲間になりたいと思う人が、良識ある人間のなかにいるだろうか。支払えるはずもない大金を賭けて負け、髪の毛をかきむしりながら、相手を口汚くののしっている人を相手にしたいと思う人がいるだろうか。放蕩の挙句《あげく》に鼻が半分欠け、足を引きずって歩いている人と、仲よくなりたいと思う人がいるだろうか。

いるはずがない。**放蕩にうつつを抜かし、さらにはそれを自慢するような人たちが、良識ある人々に受け入れられるはずがない。よしんば受け入れられたとしても、快く迎えられることはないだろう。**

ほんとうの遊びを知っている人は、品位を失うことはない。少なくとも悪徳を手本にしたり、悪になぞらえることはない。万一、不幸にして不徳な行為をしなければならない時でも、対象を選び、人にわからないようにさりげなくするだろう。ことさらに悪ぶって見せることはしないのだ。

3 仕事の喜びを知る人間だけが真の「遊び人」になれる

遊ぶのはおおいに結構なことだ。自分の遊びを見つけておおいに楽しむことだ。けれど、**人の真似をしてはいけない。**自分の胸に問うてみることだ。何がほんとうに楽しいかを問うて、楽しいと思えることをしたらいい。

よく何にでも手を出す人がいるが、そういう人は、何の喜びも享受《きょうじゅ》することができない。真剣に仕事に取り組み、それに喜びを感じられる人だけが、遊びにも喜びを感じられるのだ。その意味では、古代アテネの将軍アルキビアデスは合格だったと思う。

たしかに恥知らずの放蕩の限りを尽《つ》くしはしたが、哲学や仕事にもきちんと時間を割いていた。

ジュリアス・シーザーも、仕事と遊びに均等に心を配ることにより、相乗効果すら生んだと思われる一人だ。現に、ローマ中の女性の不義密通の相手と言われたシーザーだが、立派に学者としての地位を築き、弁士としても超一流、さらに指導者としての実力に至っては、ローマ随一とまで言われたではないか。

遊んでばかりの人生は、感心できないだけでなく、何の面白味もない。毎日真剣に仕事に従事するからこそ、心も体も、遊びを心《しん》から楽しめるのだ。ぶよぶよの大食漢や、青白い顔をした飲んべえや、血色の悪い好色家は、自分のしていることを心から楽しんではいないはずだ。こういう人は、偽りの神に自らの精神と肉体を捧げているようなものだ。

精神レベルの低い生活をしている人は、快楽だけを追い求め、品位のない遊びに身をやつすことが多い。一方、精神レベルの高い生活をしている人たち、よい仲間（〝道徳的な〟とは言うまい）に囲まれた人たちは、もっとさりげない遊び、**洗練され**

た、危険の少ない、そして少なくとも品位を失うことのない遊びに興じているはずだ。

良識ある立派な人間は、遊びが目的になってはいけないことを知っているし、また遊びを目的にはしないものだ。かれらは知っているのだ。**遊びは単に安らぎであり、慰《なぐさ》めであり、ごほうびにすぎないと。**

◈ いつも「朝は夜よりも賢い」を実践しなさい

ところで仕事と遊びについてだが、これは**きちんと時間を分けておいたほうがいい。勉強や仕事、知識人や名士との、腰をすえてかからなければならない話し合いなどは、朝のうちがいいだろう。**

けれどいったん夕食のテーブルについたら、あとはもうリラックスタイムだ。よほど緊急の仕事がない限り、好きなことをして楽しんでいい。気の合った仲間とカードをするのもいい。節度ある人たちが相手なら、和やかで楽しいゲームができるだろう。まちがってもけんかになるようなことはない。

劇もいい。コンサートもいい。ダンスも、食事も、楽しい仲間とのおしゃべりもいい。きっと満足できる夜が過ごせるだろう。もちろん、魅力的なご婦人方に深いため息をつき、熱い視線を送るのもおおいに結構――ただし、相手が君の品位を落とすような、さらには君を破滅させるような人物でないことを願うばかりだ。相手がなびくか、なびかないかは、君の腕次第、乞《こ》うご期待といきたい。

今書いたようなことが、ほんとうに分別ある者、ほんとうに遊びを知っている人の楽しみ方だ。このように**朝は勉強、夜は遊びと時間の区分をし、遊びも自分だけのものを自分で選べば、君も立派な社会人として認められるだろう。**

午前中いっぱい、集中して地道に勉強することを繰り返せば、一年の終わりには、相当な知識が得られているはずだ。一方、夕べの友人との交わりも、君にもうひとつの知識――世の中についての知識を与えてくれるだろう。**朝は本から学び、夜は人から学ぶ、**これを実践するとなると、もはやのんびりしている時間はない。

私も若い頃は、実によく遊んだし、いろんな人ともよくつき合った。私ほど、そういうことに時間も労力もつぎ込んだ人間はいないと思う。時には、過ぎることもあった。けれど、なんとか勉強する時間だけは確保した。どうしてもその時間がない時は、睡眠時間を削った。前の晩がいくら遅くても、翌朝は必ず早起きした。これは頑固に守り通した。病気の時を除いて、もう四十年以上も、その習慣は続いている。

これで君も、私が遊びなど絶対にいけないと言う頑固親父でないことをわかってくれたと思う。私は、君に、私と同じ考えを持ちなさいと言うつもりはない。その意味では、父親というよりは、友人として進言したような感じだ。

4 ひとつのことに「身魂《しんこん》」を傾けることが大切である

先日ハート氏から、君がよくやっているという主旨の手紙をいただいた。私がどんなに喜んでいるかわかるだろうか。けれど、もし本人である君が、私の半分も充実感や喜びを感じていないとしたら、私は途方に暮れてしまうだろう。**満足感や自負心があればこそ、自ら勉強にいそしめると思うからだ。**

ハート氏によると、君は勉学に精を出しているそうだね。勉強する態勢が整ってきたし、理解力もできてきた、それにつれて応用力もついてきたということだ。ここまで来ると、あとは楽しくなる一方だ。そしてその楽しみも、努力すればするだけ増えるだろう。

超人的に仕事をこなしたウィット氏の集中力

いつもしつこいくらいに言っていることだから、君ももうわかっていると思うが、何かをする時には、それが何であれ、それだけに集中することが大切だ。それ以外のことを考えてはいけない。

これは勉強だけについて言っているのではない。遊びだって同じだ。**遊びも、勉強と同じように一心にやってほしい。どちらも同じように一所懸命できない人は、どちらも進歩しないし、どちらからも満足感を得られないだろう。**その時その時の対象物に心を集中できない人・しない人、それ以外のことを頭から追い払えない人・払わない人、そういう人は仕事もできないだろうし、遊びも上手ではないだろう。

パーティや会食の場で、だれかが頭のなかでユークリッドの問題を解こうとしているところを想像してほしい。そういう人は、一緒にいてもまったく楽しくないだろうし、また人々のなかでも、とりわけみすぼらしく見えるだろう。あるいは、書斎である問題を解こうとしている最中に、メヌエットの音楽が浮かんできてしかたのない人のことを考えてほしい。たぶんその人は、立派な数学者にはなれないだろう。

一度にひとつのことだけをすれば、一日の間にたっぷり時間はあるし、いろんなことができる。けれど、一度にふたつのことをすれば、一年あっても時間は足りない。

法律顧問だった故ド・ウィット氏は、国事を一手に引き受け、それをこなしたうえに、夜の集まりに顔を出し、皆と共に食事をする時間も十分あったという。ある時、こんなにたくさんの仕事をこなしたうえに、夜《よ》な夜《よ》な遊びに出かける暇《ひま》もあるとは、いったいどういうふうに時間を工面しているのか、と尋ねられたド・ウィット氏は、こう答えたという。

別に難しいことは何もしていないよ、**一度にひとつのことをする、そして今日でき**

ることは、けっして明日まで延ばさない、それだけのことだよ、と。

ほかのことに気を紛らわされることなく、ひとつのことに確実に集中できるド・ウィット氏の力は、たいしたものだと思う。こういうことができることこそ、天才の確たる証《あか》しのようなものではないだろうか。逆に言えば、**落ち着きがなく、そわそわして集中しないのは、取るに足りない人間の証しのようなものではないだろうか。**

毎日「今日これだけのことをした」と言えるか

世の中には、一日中忙しくしていたのに、寝る前になって考えてみると、形になることは何ひとつしていなかったという人がたくさんいる。こういう人たちは、二、三時間読書をしても、目が文字面を追いかけているだけで、頭がそこにないことが多い。だからあとで何を読んだか考えてみても、何も思い出せないし、内容を論じることもできない。

人と会って話をしている時も同じで、自分から積極的に参加しようとすることはない。当然、話をしている相手を観察することもなければ、話の内容をきちんと把握することもない。かれらは、その場に無関係なこと、それもくだらないことを考えているのだ。いや、まったく何も考えていないと言ったほうがいいかもしれない。

そしてそれを、「いや、今ちょっとうっかりしてまして……」とか「別のことに気を取られてまして……」などとごまかして体裁《ていさい》を保つのだ。こういう人は、劇場に行っても、肝心な劇は観ないで、一緒に行った人たちや照明にばかり目を奪われてしまう。

君はそんなことのないように。**人と会っている時も、勉強の時と同じくらい集中してほしい。勉強の時は、読んでいるものに注意を払い、その内容に思いを馳せる。人と会っている時は、見るもの聞くものすべてに注意を傾ける。**それが大切だ。

その辺の愚かな人々がよく言うように、自分の目の前で言われたこと、起こったことを「別のことを考えていて気がつきませんでした……」などと、けっして言ってはならない。なぜ別のことを考えていたのだ？　別のことを考えるくらいなら、なぜ来たのだ？　来る必要などなかったではないか。結局、この人たちは「別のこと」など考えていなかったのだ。頭が空っぽだっただけなのだ。

こういう人は、遊びにも集中しなければ、仕事にも集中しない。気が散って仕事ができないのなら遊べばよさそうなものだが、それができない。遊んでいて気もそぞろなら、仕事をすればよさそうなものだが、それもしない。こういう人は、遊び仲間と一緒にいれば、自分も遊んでいると錯覚し、仕上げなければならない仕事が存在すれば、それだけで自分は仕事をしていると勘違いしているのだ。

何事も、やるからには一所懸命やらなくてはいけない。中途半端にするくらいなら、しないほうがずっといい。

大切なのは、自分のしていることに集中することだ。**物事は、する価値があるか、ないかのどちらかだ。中間はない。**いったん「する」と決めたら、相手が何であれ、目と耳をしっかり集中させることだ。言われたことはひと言も聞きもらさない、目の前で起こっていることは、ひとつ残らずしっかり見る、といった意気込みが大切だ。

いずれにせよ、ホラティウスを読んでいる時は、書かれていることが正しいかどうかを考えながら読み、そのすばらしい言い回しや詩の美しさを堪能するように。けっして、ほかの作品に心を走らせてはいけない。

そしてそういった本を読んでいる時には、サン・ジェルマン夫人のことを考えてはいけないし、サン・ジェルマン夫人とおしゃべりをしている時は、本のことなど考えてはいけない。

5 一円で「一生の知恵」を手に入れる賢いお金の使い方

君も徐々に大人の仲間入りをしてきている。ちょうどいい機会だから、これから先、君にどのようなお金を送るつもりでいるのか、説明しておこう。そうすれば、君もそれに従ってプランが立てやすくなるだろう。

私は、勉強に必要な費用、人づき合いに必要なお金は、一銭たりとも出し惜しみするつもりはない。勉強に必要な費用とは、必要な本を買うお金、優秀な先生につくお金のことだ。このなかには、旅行の先々で立派な人たちとつき合っていくための費用

――たとえば宿代、交通費、服飾費、使用人の雇用費などが含まれるだろう。

人づき合いに必要なお金とは、もちろん「知的な」人づき合いに必要という意味だ。たとえば気の毒な人たちへの慈善費用（という名目でだまし取られてはいけない）がそうだろう。お世話になった方々へのお礼、これからお世話になるであろう方へのプレゼントにかかる費用もそうだ。つき合う相手に合わせて必要となる費用――たとえば何かを観に行く費用や遊びの費用、射的などのゲームにかかる費用、その他突発的費用――そういうのも必要だろう。

私が絶対に出さないのは、くだらないけんかをしたために必要の生じたお金と、怠惰にだらだらと時間を過ごすためのお金だ。賢者は、自分の名誉を傷つけるようなお金、自分のためにならないお金は使わない。そういうお金を使うのは愚者だけだ。**賢者は、お金も時間と同じように無駄なく使う。**一円、一分だって無駄にしない。**自分や人々のために役立つもの、知的な喜びを得られるものに使う。**

ところが愚者はちがう。愚者は、必要でないものにお金を出し、必要なものには出さない。たとえば店先によく並んでいるガラクタがそうだ。かぎたばこ入れや時計や杖《つえ》の柄《え》のような、くだらないものの魔力にとりつかれたが最後、愚者は破滅の一路をたどる。そこは、店主も使用人も心得たもので、共謀して愚者をだましにかかるので、気がついた時には、身の回りはガラクタだらけ、ほんとうに必要なもの、安らぎを与えてくれるものは皆無、といった状態になっている。

賢い「金銭哲学」を早いうちから身につけること

お金というのは、どんなにたくさんあっても、金銭哲学のようなものを持ち、かつ細心の注意を払って使わないと、必要最小限の物すらも買えなくなってしまうものなのだ。それとは反対に、**たとえわずかのお金しかなくても、自分なりの金銭哲学を持ち、注意して使えば、最小限の物は事足りる。**

ところでお金の支払い方法だが、**できる限り現金で払ったほうがいい。**それも、使用人を通してではなく、自分で払ったほうがいい。使用人は、手数料や謝礼のようなものを要求しがちだからね。どうしても「ツケ」で払わなくてはならない場合は（酒屋や仕立て屋など)、毎月必ず自分の手で支払うようにしたほうがいい。

買う品物だが、ほしくもないのに、安いからという理由だけで買ったりしないように。それは節約でもなんでもないんだよ。逆に無駄遣いだ。これと反対に、ほしくもないのに高いからという理由だけで——つまり自尊心を満足させるために——買い物をするのもよくない。

自分の買った物、支払った代金は、ノートに記録したほうがいい。お金の出入りを把握していれば、破綻することはない。といっても、交通費や、オペラを観に行って使ったこまごました支払いまで書き記す必要はない。時間の無駄であるばかりか、インク代がもったいない。そんな細かいことは、退屈な守銭奴にでも任せておけばいい。

これは家計に限ったことではなく、あらゆることについて言えることだが、**関心を持つに値することだけに関心を持つことが大切だ。くだらないものに関心を持つ必要はない。**

ほんとうに大切なものはすべて「手の届くところ」にある

一般に賢い人は、ものを実物大でとらえることができるものだ。ところが愚者はそれができない。まるで顕微鏡でものぞいているかのように、何でも大きく見えてしまう。だから蚤《のみ》が象に見える。小さなものが大きく見えるだけならまだいい。最悪なのは、大きいものが拡大されすぎて見えなくなってしまうことだ。

わずかの金をケチり、そのためにけんかまでする人など、その最たるものだ。そのために、守銭奴と呼ばれていることに気がつかない。こういう人は、自分に対しても不当なことをしている。**収入以上の生活を望むことにより、自分の手の届く範囲内にある「大切なもの」を見失っているのだ。**

誤解を恐れずに言うなら、何事にも「分相応《ぶんそうおう》」というものがある。健全で強固な魂を持った人間には、どこまでが手の届く範囲で、どこからが手の届かない範囲かわかっている。ところが、その境界線は非常に細く、分別ある人間が目を凝らして探せばどうにか見つかるが、粗野な人間の目にはなかなか見えないのだ。

君にも、自分の手の届く範囲と届かない範囲がわかるだけの分別はあると思う。境界線には常に留意してほしい。そしてその上を上手に歩いてほしい。一人で歩けるようになるまでは、ハート氏に頼んで軌道修正してもらったらいい。本物の綱渡りの上手な人はいても、境界線という名の線上を上手に渡れる人はなかなかいない。それだけに、上手な人の輝きは大きい。

第6章

自分の「殻《から》」が固まらないうちにやっておくべきこと

——本をたくさん読みなさい。
そして、とにかく「外」へ出てみなさい。

子どもは食う権利がある。
子どもは遊ぶ権利がある。
子どもは寝る権利がある。
子どもはしかられる権利がある。

賀川豊彦（社会運動家）

1 なぜ若い時に「歴史」に興味を持つことが大切なのか

フランスの足跡についての君の考察は、実に的を射《い》たものだと思う。何よりも嬉しかったのは、君が本を読む時に、ただ内容を把握するだけでなく、それについて深く考えていることがわかったことだ。

本を読んでも、自分で判断することをせず、書いてあることを次々と頭にたたき込んでいくだけの人が多い。それでは、やみくもに情報が積み上げられていくだけで、頭のなかが、ガラクタ置場のように雑多になってしまい、整頓された部屋のように、必要なものが必要な時に即取り出せるというわけにはいかない。

君は、その調子で続けてほしい。**著者名だけで内容を鵜《う》呑《の》みにしないで、書かれていることがどのくらい確かか、著者の考察がどのくらい正しいか、自分の頭でしっかり考えてほしい。**

ひとつの史実については、複数の本で調べ、**そこから得られた情報を総合して、自**

分の意見を持つようにするといい。せいぜいそこまでが、歴史という学問の手の届く範囲だと私は思っている。残念だが、「歴史的真実」など知ることはできないのだ。

勇者シーザーが殺されたほんとうの理由

歴史書を読んでいると、歴史的事件の動機や原因が書かれていることがあるが、それをそのまま信じてはいけない。その事件にかかわった人物の考え方や利害関係を考慮に入れたうえで、著者の考察が正しいかどうか、ほかにもっと可能性の高い動機はないか、自分で考えてみることが大切だ。

その時、卑屈な動機やささいな動機を切り捨ててはいけない。というのは、**人間は複雑で、矛盾だらけの生き物だからだ。感情は激しく移ろいやすく、意志はもろく、心は体調に左右される。**

つまり、人は一貫したものではなく、その日その日で変わるものなのだ。どんなに立派な人でもつまらないところがあるし、どんなにつまらない人間でも立派なところがある。どうしようもない人間でも、どこか長所はあるし、突拍子もなくすばらしいことをすることだってあるのだ。それが人間なのだ。

ところが、歴史的事件の原因を究明する際、私たちは、より高尚な動機を探そうとすることが多い。だが、ほんとうの原因などというものは、たとえばルターの宗教改革ならば、ルターの金銭欲がくじかれたことが原因だった……といった程度のことかもしれないのだ。それなのに、頭でっかちの歴史学者たちは、歴史的大事件のみならず、平凡な事件にまで深い政治的な動機を当てはめてしまう。これはおかしいと思う。

消化のよい食事をとり、熟睡し、よく晴れた朝を迎えたというだけで、英雄的な働きをする男が、消化の悪い食事をとり、よく眠れず、しかも翌朝は雨だったというだけで、いともたやすく腰抜け男と化してしまうことだってあるのだ。

だから人間の行為のほんとうの理由などというものは、どんなに究明しようとしても、憶測の域を出ることは難しいと思う。せいぜい、かくかくしかじかの事件があった、ということだけが、私たちの知り得ること、知った気になれることだ。

シーザーは、二十三人の陰謀によって殺害された。これは疑う余地はない。けれどこの二十三人の陰謀者が、果たしてほんとうに自由を愛し、ローマを愛したがゆえにシーザーを殺したのか、ということになると、ちょっと待て、と言わざるを得ない。それだけが原因なのか。少なくとも主たる原因なのか。

もし真相が解明されるようなことがあれば、事件の主謀者であるブルータスですら、たとえばプライドやねたみ、恨み、失望といった、ほかのもろもろの私的な動機が原因だった、あるいはそういう動機が少しは原因となった……ということになるのではないだろうか。

正しい判断力・分析力を養うための最高の「材料」

懐疑的という意味では、歴史的事実そのものすら疑わしいと思うことがよくある。少なくとも、その事実と結びつけられている背景に関しては、ほとんど疑いの目を向けている。日々自分が経験することを考えてみるといい。歴史などというものが、いかに信憑性《しんぴょうせい》の薄いものか、容易にわかるはずだ。

たとえば最近起こった事件について、何人かが証言する時、かれらの言うことはまったく同じだろうか。ちがうだろう。思いちがいをしている人もいれば、証言する際にニュアンスがちがってしまう人もいる。自分の意見に合った証言をする人もいれば、心変わりして事実を曲げて言う人もいる。それに書記だって公正に書くとは限らない。

そういう意味では、歴史学者だって公正に書くかどうかはわからない。持論を繰り広げたいかもしれないし、早くその章を終わらせたいかもしれない（面白いことに、フランスの歴史書は、各章の初めに「これは真実だ」というひと言が必ず入っている）。だから、歴史学者の名前だけで何でも正しいと思わないほうがいい。**自分で分析し、自分で判断することだ。**

だからといって、歴史など勉強する必要がないと言っているのではない。**だれもが認める史実というものは存在するし、人の口にものぼれば、書物でも取り上げられる。そういったものは、知っておいたほうがいい。**

たとえば、シーザーの亡霊がブルータスのところに現れた、などとあちこちで書いている学者たちがいる。私は、そんな話はまったく信じていない。けれど、そういうことが話題にのぼっていることをまったく知らないことは、恥ずかしいことだ。

これ以外にも、歴史学者がそう記述しただけで、だれも信じていないのに当然のことのように話題にのぼり、書物に書かれる事柄がある。そうやって定着したのが異教徒神学だ。ジュピター、マース、アポロなどの古代ギリシャ・ローマの神々もそうだ。私たちは、かれらがもし実在したとしても、ふつうの人間だったと思っている。

いくら歴史に懐疑的でも、このように常識化したことは、きちんと勉強する必要がある。いや、むしろ**歴史は、人間が社会のなかで生きていくうえで、どの学科よりも必要なもの**かもしれない。

「過去のものさし」で現在《いま》を測るな

ただ、**過去にそうだったから現在もそうだと断定的に言ってはいけない。過去の例を引き合いに出して現在の問題を検討するのはいいが、それには慎重でなければならない。**

過去の出来事の真相など、どんなにあがいてもわかるはずはない。せいぜい「推測」がいいところだ。何が原因か、なんてわかりっこないのだ。だいいち、過去の証言は、現在の証言に比べるとはるかに曖昧《あいまい》なものだ。しかも時代が古くなればなるほど、信憑性も薄れることは免れ得ない。

偉大な学者のなかには、公私を問わず、似ているからという理由だけで、やたらに過去の事例を引っぱり出してくる人がいる。これは愚かなことだ。かれらは考えたこともないのだろうが、天地創造以来、この世に同じ出来事など起こったためしはないのだ。それに、いかなる歴史家といえども、事件の全容を記した人はいないはずだから（全容がつかめている人すらいないはずだ）、それを基《もと》にした議論など、無意味に等しい。

だから、昔の学者が書いているから、詩人が書いているから、という理由だけで例を引いてはいけない。**物事は一つひとつちがうのだから、個々に論じるべきだ。似ていると思える例を参考にしたければしてもいいが、あくまでも参考にとどめておくべきで、それを判断の拠《よ》りどころとしてはいけない。**

2 私は「歴史」からこれだけのことを学んだ

いろいろ言ったが、過去の歴史を勉強することはほんとうに大切だ。一般の人が知っていることは、信用のおける歴史学者の本を読んで勉強することだ。それが正しかろうが、まちがっていようが、とりあえず知識として持っておくことは大切だ。

ところで歴史の勉強方法だが、君はどのように勉強しているのだろうか。時間と労力の節約のため、歴史的大事件を中心に勉強し、残りのことは通り一遍ですます、という融通のきいた人もいれば、どれにも同じくらいに力を注ぎ、どれも同じように覚えるという人もいる。

けれど、私は別の方法を勧める。まず、国別に簡単な歴史書を読み、大まかな概要をつかむ。それと並行して、特に重要なポイント、たとえばどこかを征服したとか、王が代わったとか、政治形態が変わったなど、重要と思われるものを抜き出す。抜き出した事柄について、詳しく書いてある論文や書物を読み、徹底的に勉強する。その時、**自分で深く洞察することが大切だ。原因を探り、それが何を引き起こしたかを考えることが大切だ。**

「書」から学び、「人」から学べ

フランスの歴史に関しては、非常に短い、けれど非常によく書かれているル・ジャンドルの歴史書がある。あれをきちんと読めば、フランスの歴史のだいたいのところはわかるだろう。そして、歴史的に重要なポイントがわかったら、今度は、メゼレイの歴史書が役に立つだろう。そのほかにも、個々の時代・事件について詳しく記述してある歴史書や、政治的視点から書かれた論文など、参考になるものはいくらでもある。

近代について言えば、フィリップ・ド・コミーヌ回顧録をはじめ、ルイ十四世時代に書かれた歴史書がたくさん出ている。適宜拾って読めば、ひとつの時代・出来事について、立体的に知ることができるだろう。

その他にも、フランスでいろんな人たちと話をしている時に、もし歴史のようなかたい話をうまく話題にのせられる技量があるなら、それをしてみるのも一案だ。たとえ歴史に強くない人でも、自分の国の歴史を知らないとは言わないし、少しは何かを知っているはずだ。たとえ一冊しか歴史書を読んだことがなくても（実際そういう人が多いのだ）、だからこそ、読んだことを自慢に思って、進んで話してくれるにちがいない。

そういう意味では、あちらの女性はその手の本をよく読んでいるから、きっと参考になるだろう。そうやって現地で仕入れた知識は、本では得られないものをおおいに提供してくれるにちがいない。

3 人生の決め手「読書習慣」

世の中は、一冊の書物のようなものだ。今、私が君に読んでもらいたいのは、この、世の中という名の書物だ。この書物から得られる知識は、今まで出版された本すべてを合わせた知識より、はるかに役に立つ。だから、**立派な人々の集まりがある時には、どんな優れた本も脇へおいて出かけるがいい。そのほうが、何倍も勉強になる。**

とはいっても、仕事や娯楽という喧騒《けんそう》のなかに生きる私たちでも、一日のうちには、ふっと息の抜ける自由な時間が少しはあるものだ。そして、そういう時間に本を読むことこそ、このうえない安らぎ、喜びであるという知的な人間もいるだろう。

そのわずかな時間を生かして（わずかにちがいないだろうし、またそうであってくれなければ困るが……）、充実した本の読み方をするにはどうしたらいいか、それについて、いくつかの要点を挙げてみたい。

まず、**くだらない退屈な本に時間を割くのはやめた方がいい。**そういう本は、ほかに書くことのない怠慢な著者が、これまた怠慢で無知な読者を狙って書いていることが多く、周りを見回しただけでごまんとある。こういう本は毒にも薬にもならないから、手をつけないに限る。

「一日三十分間読書術」

本を読む時は、**目的をひとつに絞って、その目的を達成するまでは、ほかの関係の本に手を出さないことだ。**君の将来を考えるなら、たとえば現代史のなかでも、とりわけ重要で興味をひく時代をいくつか抜き出し、それを順に網羅していくというのはどうだろうか。

まず、ウェストファリア条約に照準を合わせたとする(現代史の手始めとしては、実に正しい選択といえないか)。そうしたら、それに関する本以外にはいっさい手を出さずに、信頼できる歴史書や文書、回顧録、文献などを順次読み、比較するといい。

この種の研究に、何時間も費やせと言っているのではない。もっと別の方法で自由な時間を有効に使えるなら、それもいい。ただ同じ読書をするなら、一時にいくつものテーマを追究するよりは、ひとつに絞って体系的に追究したほうが能率的だと思うのだ。

いろいろな本を読んでいくうちに、内容が相反したり矛盾するようなことも起こるだろう。そういう時は、別の本に当たってみるとよい。そういうのは横道にそれるとは言わない。そうすることによって、かえって記憶が鮮明になるからだ。

たとえば何かについて本を読んでも、さっぱり頭に入らないことがあるだろう。けれど、同じ本でも、たまたま政治家同士で話題になったり、論争の的になったりしている時に、その本やそれに関連する本を読んだり、人から話を聞いたりすれば、本だけでは立体的につかめなかったことが、すんなり頭に入ることがある。そうやって得た知識は、案外完璧なものだ。それになかなか忘れないだろう。事件などが起こった現場におもむいて、直接に話を聞いてくるのも、その意味ではいいことだ。

社会人になってからの本の読み方について私が言いたいことは、次のいくつかの項目にまとめられる。

(一) 実社会に一歩を踏み出した今、本を多読する必要はない。それよりは、いろんな人と話をすることによって情報を集めたほうがいい。

(二) 無益な本は、もはや読まぬこと。

(三) ひとつのテーマに絞って、それに関連したものを読むこと。

以上のことを守れば、一日三十分の読書で十分事は足りるだろう。

4 目と耳と足で学んだ知識こそがほんとうの「知識」だ

もしこの手紙が無事に君のところに届くとしたら、たぶん君はベニスにいて、ローマに行く準備をしているところだろう。ハート氏にも先便でお願いした通り、ローマまでは、アドリア海沿いにリミニ、アンコーナ、ロレトを通って行くといい。どの土地も立ち寄ってみる価値はある。けれど滞在するほどではない。行って、見さえすればば十分だろう。

あの辺りには、古代ローマの遺物、名前の知れわたった建築物や絵画彫刻の類がたくさんあって、どれも見逃せないから、心して見てきてほしい。表面だけを見ればいいのだから、そう時間はかからないだろう。

けれど、内側まで見なければならないものについては別だ。もう少し時間も注意力も必要になる。

若い人は、軽佻浮薄《けいちょうふはく》で注意力散漫で何事にも無関心で、「見れども見えず、聞けども聞こえず」といったことが多いと言われている。表面的にしか見なかったり、不注意に聞くというのであれば、いっそ見たり聞いたりしないほうがましというものではないだろうか。

その点、君が送ってくれた旅行記を見る限りでは、君は旅行する先々でよく観察し、いろんな疑問を持っているようだね。それこそ旅行の真の目的と言える。

旅行しても、目的地を転々とするだけで、次の目的地までどのくらい離れていて、宿はどこか、などにばかり気を取られている人は、出発した時も馬鹿なら、帰ってきた時も馬鹿のままだ。行く先々で、教会の尖塔《せんとう》や時計や豪邸を見て大はしゃぎするだけなら、得るものなどないに等しい。そのくらいなら、どこにも行かないで家にいたほうがいい。

ところが、どこへ行っても、**その土地の情勢や他の土地との力関係、弱点、交易、特産物、政治形態、憲法などをしっかり観察してくる人がいる。その土地の立派な人々と交遊を深め、その土地独特の礼儀作法や人間性に触れてくる人がいる。**旅行したことが身になるのは、こういう人たちだ。そしてこういう人たちは、さらに賢くなって帰ってくる。

旅先では「好奇心のかたまり」になる

ローマは、人間の感情が生き生きといろんな形で表現され、それが見事に芸術に結集している町だ。あんな町はめったにない。だから、ローマに滞在中は、カピトリーノ美術館やバチカン宮殿やパンテオンを観るだけで満足してしまわないようにしてほしい。

一分間観光したら、十日間かけていろいろな情報を仕入れてほしい。ローマ帝国の本質、教皇の権力の盛衰、宮廷の政策、枢機卿《すうききょう》の策略、教皇選挙会議の裏話など、絶大な力を誇ったローマ帝国の内面的なことなら何でもいい。**何にでも首を突っ込んでみることだ。**

どこの土地にも、その土地の歴史や現在の様子について簡単に紹介した小冊子がある。それをまず読むといい。足りない部分もあるだろうが、指針にはなる。それを読んで、もっと詳しく知りたいところがあれば、その土地の人に聞けばいい。

そう、**わからない点については、それに通じている、思慮深い人物に聞いてみるのが一番だ。**本は、いくら詳しく書いてあったところで、そこから完璧な情報を得ることは難しい。

イギリスでも、自国の現状を詳しく解説してある本が何冊も出ているだろう。フランスにも、そういう本はたくさんある。けれど、どの本も情報としては不完全だ。それは、自国の現状にあまり通じていない人たちが、これまた通じていない人の書いた本を引き写しながら書いているからだ。

だからといって、読む価値がないというわけではない。読む価値はある。読めば、わからない箇所がわかるからだ。それは、もしその本を読んでいなかったら、頭をかすりもしなかったようなことだ。

わからない箇所がはっきりしたら、ほんの一時間でもいいから、内情に詳しい人に質問してみることだ。

もし、軍隊についての知識がほしかったら、士官にでも尋ねてみるといい。どんな人も、ふつうは自分の職業に特別の愛着を持っているから、仕事の話をするのが嫌いではないはずだ。ましてや、自分の職業に関連して何かを尋ねられたりすると、調子に乗ってどんどんしゃべってしまうこともある。

だから、何かの集まりで軍人を見かけるようなことがあれば、いろいろ聞いてみるといい。訓練法、宿営方法、衣服の配給方法、あるいは給料、役得、検閲、宿営地など、知りたいことは何でも聞いてみることだ。

同じように、海軍についての情報も集めるといい。これまで、イギリスはフランス海軍と常に深いかかわりを持ってきた。これからもそうだろう。知っていて損はない。身につけた海外の情報が、イギリスに帰った時、どれほど君を際立たせ、また実際の海外との交渉にどれだけ役立つか、考えてみてほしい。想像以上だと思う。実際この分野に通じている人は、今のところほとんどいない。未開拓分野なのだ。

5 外国に行って、絶対してはならないこと

ハート氏の手紙には、いつも少なからず君をほめた言葉があるが、今回の手紙には、特に喜ばしいことが書いてあった。ローマにいる間、君はイタリア人の既存社会に溶け込もうと終始努力し、イギリス婦人の提唱で結成された、イギリス人集団に加わろうとしなかったそうだね。これは、分別ある行動——なぜ君を外国に送ったか、その

主旨をよくわきまえた行動だ。とても嬉しい。

いろんな国の人間を知るほうが、一国の人間だけで満足するよりずっといい。この分別ある行動を、どこの国に行っても続けるように。特にパリには、三十人どころか、三百人以上のイギリス人が群れをなしていて、フランス人と言葉を交わすこともなく、仲間うちだけで生活している。

パリに滞在している英国貴族たちの生活ぶりは、だいたい似たり寄ったりだ。

まず、朝は遅くまで床のなかにいる。起きるとすぐ朝食だが、これは仲間と一緒にとる。これで、優に午前中二時間のロスだ。食事がすんだら、馬車にあふれんばかりに乗り込んで、宮廷やアンバリッド礼拝堂や、ノートルダム寺院に繰り出す。そこから今度は英国流コーヒーハウスに行く。そこで、夕食も兼ねたにわか居酒屋パーティが始まる。

夕食後は、酒もそこそこに、ぞろぞろと劇場へ向かう。劇場では、仕立ての悪い、けれど生地だけは極上の服を着て、舞台の前に陣取る。劇が終わったら、一同またもとの店に戻る。そして今度は浴びるように酒を飲んでは、仲間うちで小ぜり合いを起こしたり、街に出てけんかをしたりする。そして挙句の果ては、警察沙汰になる。

こんな生活の繰り返しでは、フランス語の話せないかれらに、言葉が覚えられるはずがない。

そんなふうだから、本国に帰っても、持ち前の短気は激しさを増す一方、もともとなかった知識も増えるはずはない。それでも、外国帰りを自慢したい気持ちだけは一人前らしく、やたらフランス語を使ったり、フランス風に着飾ってみたりするのだが、どれも奇妙にまちがってしまうというていたらくだ。これでは、せっかくの海外生活も水の泡だ。

そんなことにならないように、君もフランスにいる間は、フランス人と仲よくつき合ったほうがいい。**老紳士はよいお手本になるだろうし、若い者とは、一緒に遊ぶがいい。**

「よそ者」の衣を脱ぎ捨てれば行く先々の「素顔」が見える

とはいっても、たかだか一週間か十日間、まるで渡り鳥か何かのようにちょっと滞在しただけでは、自分が楽しむことはおろか、相手と親しくなることなどできるはずがない。受け入れる側だって、そんなに短期間では、知り合いになるのを尻込みしたくなるだろう。それだけならまだいい。かかわり合いになるのすらやめようと思ったとしても、責めることはできない。

それが何カ月も滞在するということになると、話はちがってくる。土地の人と打ちとける時間がある。いきおい「よそ者」という感覚はなくなってくる。これが、旅のほんとうの醍醐味ではないだろうか。どこに行っても、そこの人々と打ちとけ、その社会に溶け込み、そこの人々のふだん着の姿に接するのだ。

これこそ、その土地の慣習を知り、礼節に触れ、ほかの土地にはない特性を知る唯一の方法ではないかと私は思っている。これは、たった三十分の型通りの公式訪問では得られないことだ。**世界中どこでも、人間の持っている性質は同じだ。ちがうのは、それをどう表現するかだ。それは土地により、環境により、ちがった形をとる。私たちは、その様々な形と一つひとつつき合っていかなければならない。**

たとえば「野心」という感情があるが、これはどんな人間でも持っているものだ。けれど、それを満足させる手段は、教育や風習によってちがう。

礼を尽くすという気持ちも、基本的にはだれもが持っている感情だ。けれどもその気持ちをどう表すか、ということになると、どこでも同じというわけにはいかない。

イギリスの国王におじぎをするのは敬意の表明になるが、フランス国王におじぎをするのは失礼にあたる。皇帝には、敬意を表しておじぎをするのが原則だ。専制君主の前では全身をひれ伏さなければならない国もある。このように、礼儀作法は土地によって、時代によって、人によってちがう。

では、その礼儀作法はどのようにして生まれたのかということになると、ひょんなことから気分的に生まれ、受け継がれていったと言うほかない。どんなに賢い人でも、分別を持った人でも、その土地特有の礼儀作法を示すことはできない。それができるのは、実際にその土地に行き、目で見、体で経験した、実社会に通じている人だけだ。礼儀作法は、理性や分別では説明のつかないもの、偶然でき上がったものであることは否めない。けれど、それがそこに厳然とある以上、それには従うべきだろう。王や皇帝に対する礼儀のことだけを言っているのではない。あらゆる階級のなかに、慣習のようなものがあるだろう。それには従ったほうがいい。

たとえば、人々の健康を祝して乾杯をするという、あの馬鹿げた、しかしほとんどどこの土地でも見られる慣習がある。私がグラス一杯のワインを飲むことと、だれかの健康と、いったいぜんたいどんな関係があるというのだ。常識では考えられないことだ。けれど、その常識が、私もそれに従ったほうがいいと勧めるのだ。

良識は人に、礼儀正しくあれ、気持ちのいい思いをしてもらえ、と命令する。けれども、時、場所、人に応じてどう礼を尽くすかは、実際に目で見、体で覚えない限りわからない。これはさっきも書いた通りだ。**それを覚えてくるのが、正しい旅行のあり方ではないだろうか。**

「外側ではなく内側をのぞき見る」楽しみ

分別ある人物は、どこに行ってもその土地の風習を覚え、それに従おうとする。世界中どこへ行っても、そうすることは必要だと思う。道徳的に許されないことでない限り、どんなことにでも従ったほうがいい。

その時**一番役に立つのは、順応力だ。一瞬のうちに、その場に見合った態度を決められる力だ。真剣な人に対してはまじめな顔ができ、陽気な人には明るく振る舞い、くだらない人物にはいい加減に相手をする。**こういった能力を身につけるよう、精一杯努力してほしい。

いろんな土地を訪れ、きちんとした人々とつき合うことによって、君は、その土地の人物と化すだろう。そうなれば、君はもはやイギリス人ではない。フランス人でもない。イタリア人でもない。**ヨーロッパ人になるのだ。**いろんな土地のよい風習を謙虚に取り入れ、パリではフランス人、ローマではイタリア人、そしてロンドンではイギリス人となるのだ。

　ところで君は、イタリア語が苦手だと思っているようだね。でも、フランスの貴族を見てごらん。かれらは自分では気づかずに、立派な散文をしゃべっている。それと同じで、君も、自分では気づいていないだろうけれど、立派にイタリア語を理解しているのだ。だいいち、君ほどフランス語、ラテン語に通じていれば、もうイタリア語の半分は、わかっているようなものだ。辞書なんか、ほとんど引く必要を感じないんじゃないか。

　ただ、**熟語や慣用句、微妙な言い回しなどは、実地で話してみるに限る。**相手の言葉を注意して聞いていれば、そんなものはすぐに身につく。だから、まちがっていようがいまいが気にせずに、質問できるだけの単語と、質問に答えられるだけの単語を覚えたら、どんどん人に話しかけていくことだ。

　フランス語で「こんにちは」と話しかける代わりに、覚えたてのイタリア語で「こんにちは」と言えばいい。そうすれば、相手はイタリア語で何か答えてくれるだろう。それを聞いて覚えればいい。それを繰り返すうちに、いつの間にかイタリア語がうまくなっていることに気づくだろう。イタリア語は、思いのほか簡単な言語だよ。

いろいろ言ったが、君を海外に送り出したのも、こういったことを身につけてほしかったからだ。どこへ行っても観光だけで満足せず、**その土地の内側までしっかり見てきてほしい。現地の人と親しくつき合って、慣習、礼儀作法を知ってきてほしい。現地の言葉を覚えてほしい。**これだけのことができたら、私の苦労も報われるというものだ。

第7章

「人間関係」の秘訣

――人を陰でほめているか、
気配りが自然にできているか。

子どもは自分のものであると同時に、自分のものではない。すでに分立しているから、人類のなかの人でもある。自分のものであるから、いっそう教育の義務を尽くして、かれらに自立できる能力を与えなければならないし、自分のものでないから、解放し、すべてをかれら自身のものたらしめ、一個の独立人としなければならない。

魯迅（小説家）

1 相手に信頼される「人づき合い」の大原則

前に、どういう人たちとつき合うべきかという話をしたと思うが、今日は、その人たちとつき合っていくにあたり、どういう振る舞いをしたらいいかについて話をしたい。長年の経験を踏まえたうえでの観察結果だ、少しは役に立つだろう。

最初に言っておきたいのは、**いくらすばらしい人たちと友好を深めても、君に相手を喜ばせようという気持ちがなければ、何にもならない、**ということだ。

君はいつか、スイスを旅行していた時に、親切な心尽くしを受けてとても嬉しかった、と書いてきたことがあったね。その時私は、親切にして下さった方々にお礼の手紙を書くと同時に、君にも、こう書いたと思うが覚えているか。もし、自分のことを気にかけてもらったことがそんなに嬉しいのだったら、君も、人のことを気にかけてあげなさい。君が気にかけて親切にしてあげればあげるだけ、相手も喜んでくれるものだよ、と。

これが、人づき合いの大原則ではないだろうか。人は、愛する人や尊敬する友人に対しては、自発的に相手を気遣い、喜ばせてあげようという気持ちが沸きたつものだ。この気持ちがなければ、実際に人を喜ばせることはできない。**人づき合いの原点は、この相手を思う気持ちだ。**その気持ちの上に立てば、どんな言動を取ればいいかは、おのずとわかる。

人を喜ばせようという気持ちは、だれもが持っている。けれど人づき合いのなかで、実際に人を喜ばせる方法を知っている人は少ない。君には是非、これを知ってもらいたいと思っている。

といっても、特別なきまりがあるわけではない。ひとつだけ私が言えるのは、**自分がしてもらって嬉しいことを人にもしてあげなさい、**ということだ。よく考えてみるといい。どういうことをされた時、自分が嬉しかったか。わかったら、それと同じようなことをするといい。相手もきっと喜んでくれるだろう。

さて実際に、人を喜ばせて、良いおつき合いをするには、どういうことに気をつけたらいいのだろうか。

会話を一人で独占しない

まず、よくしゃべるのはいいが、**一人で、延々としゃべり続けるのはよくない。**もし、長い間しゃべらなければならない時があったら、少なくとも聞いている人を退屈させないように、できることなら、楽しく聞いてもらうように心がけることだ。

けれどそれも、最小限にとどめておいた方がいい。**そもそも会話などというものは、一人で独占するものではない。**君一人で、全員の分まで面倒を見ることはないのだ。特に、それぞれに自分の分の支払い能力がある場合は、君は君の分だけ払えばいい。

一人で、延々としゃべり続けている人を見かけることがよくあるが、そういう人は、たいていは気の毒に、その場にいるだれか一人――それもたいていは、一番口数の少ない人か、たまたま隣に居合わせた人をつかまえて、やや小声でささやきかけながら、次から次へと言葉をつないでいく。これは、ひどく行儀の悪いことだと思わないか。それに、とても公明正大な態度とは言えない。**会話とは、共同でつくり上げる公共の**

ものなのだ。

けれど、もし反対に、君がそういった無慈悲な男につかまってしまった時、それが我慢するほかない相手だったらしかたがない。少なくとも表面的には、その人に注意を傾けているふりをして、じっと辛抱することだ。はねつけてはいけない。その人にとっては、じっと耳を傾けてもらえることほど、嬉しいことはない。反対に、話の途中で背を向けられたり、いかにも辛そうに聞かれることほど、屈辱的なことはない。

相手に応じた話題を選ぶ

話の内容だが、**できればそこにいる人たちが好みそうで、かつ、ためになりそうなものを選ぶといい。**歴史の話、文学の話、外国の話などは、天気や流行の服装の話やうわさ話よりも、ずっとためになるし、楽しいはずだ。

軽くてちょっと洒落《しやれ》た話が必要なこともある。内容的には何の役にも立たないものだが、タイプのちがう人間の集まりの時など、共通の話題としては最適だ。

それに、交渉事をしていて、これ以上続けると険悪なムードになりそうな時など、軽い話は重々しい雰囲気を、いっぺんに払拭《ふっしょく》してくれる。そんな時にちょっと洒落た話題を持ち出せるということは、恥ずべきことでも何でもない。さりげなく食べ物の話をしたり、ワインの香りや製造法に話を向ける。なかなか粋なことだと思わないか。

相手に応じて話題を変えなさい、なんてことは、いまさら改めて君に進言するまでもないだろう。教えてもらわなかったからといって、いつも、同じ話題を同じ態度で持ち出すほどの愚か者ではないと信じている。政治家には政治家向きの、哲学者には哲学者向きの話題がある。もちろん、女性には女性向きの話題というものも。

人生経験の豊かな人なら、そんなことは百も承知だ。相手に合わせて、カメレオンのように自在に色を変え、話題を選ぶ。これは、邪悪でも、卑しい態度でも何でもない。いわば、人づき合いに欠かせない潤滑油のようなもの、そう思ってもらいたい。

自分が、その場のムードメーカーになる必要はない。周りに合わせたほうがいい。**その場の雰囲気を読み取って、真剣にもなれば陽気にもなる、必要とあらばふざけもする、というのが好ましい。**これは、大勢の人間のなかにいる時の、エチケットのようなものだ。

自分でわざわざ言わなくても、その人によさがあるなら、それはおのずと、どんな会話にもにじみ出てくるものだ。それに、もし自分に自信の持てるものがないのなら、わざわざ自分で話題を選ぶより、人の馬鹿話に、黙って相槌《あいづち》を打っているほうがましというものだ。

できる限り避けたほうがいいのが、意見の対立するような話をすることだ。放っておくと、意見のちがうグループが、しばし険悪なムードにならないとも限らない。**議論が白熱しそうになったら、はぐらかすなり機知を飛ばすなりして、その話に終止符を打ったほうがいい。**

「自分の話」ばかりするな

どんなことがあっても**絶対してはいけないのは、真っ先に自分の話をすることだ。**これは極力避けるように。どんなに立派な人でも、自分の話をすれば、様々な仮面をつけた虚栄心や自尊心が自然に頭をもたげてきて、**一緒にいる人たちを不快にさせるものだ。**

自分の話をするといってもいろいろある。突然何の臆面もなく、話の流れとは無関係に自分の話を持ち出し、結局は自慢話に終わってしまう人がいるが、これは失礼きわまりない。もっと巧みに（と、本人が思っているだけなのだが）、自分の話を持ち出してくる人もいる。たとえば、あたかも自分が、いわれのない非難を浴びているかのごとく振る舞い、そんなのは不当だとばかりに、自分の長所を並べたてて自分を正当化し、結局は自慢するのだ。

かれらは言う。こんなことを言うのは、さぞかしおかしいだろう、私だって言いたくはない、ほんとうなら言わなかっただろう、でもひどすぎるんだ、私だって、身に覚えのないことでこんなにひどい非難を受けたりしなければ、口が裂けたってこんなことは言わなかっただろう、と。

たしかに、正義というものはだれにでもある。だから非難を受けたら、嫌疑を晴らすために、ふつうだったら口に出さないようなことを言ってもいい、と言われればそうかもしれない。しかし、だとしたら何という薄っぺらな奥ゆかしさだろう。虚栄心のためなら、臆面もなく、その衣をかなぐり捨ててもよいとは！　そんな慎みなどありはしない。魂胆は見えすいている。

同じ自分の話をするにしても、もう少し陰険で、自分を卑下したやり方をする人もいる。これなどもっと愚かだ。まず、自分は弱い人間だと告白する。そのあとで我が身の不幸を嘆き、キリスト教の七徳に誓いをたてるのだ（もっとも、そうしながらも、多少は恥じらいやためらいは感じているようだが……）。

こういう人たちはわかっていない。**そんなふうに不幸を嘆いても、周りの人たちは同情をするわけでも、力になろうとするわけでもなく、ただ困惑するだけだ**ということが。いみじくも本人たちの言う通り、かれらには力が足りないのだ。だから、どうしてやることもできない。周りの人は困るしかないのだ。

ところが、そこまで気が回らないかれらは、自分でも馬鹿なことをしているとわかっていながらも、愚痴をこぼすしかないのだ。かれらとて、しょせんはわかっている。自分のように欠点だらけの人間は、成功はおろか、社会のなかで順当に生きていくのさえ難しいということが。

だが、かといって変わることもできない。そこで精一杯、最後のあがき、最後の抵抗をしているのだ。そんなことがあるのか、と思うかもしれないが、これはほんとうだ。君も、今後、あちこちでこういう人を見かけることがあると思うから、よく注意しているといい。

「自慢話」で評価される人間はいない

しかし、こんなふうに、虚栄心や自尊心が表面に出てこないのはまだいいほうで、ひどい場合になると、ほんとうにくだらないものまで引き合いに出して、露骨に自慢話を始める人がいる。

君も見たことがあるだろう。ほめられたい一心で、自慢話をしている人たちを。ところが、かれらの話がもしほんとうだとしても（そんなことはめったにないが）、それで実際にほめられるということはないのだ。

たとえば、自分とあまり関係ないこと——自分は、かの有名な大人物だれそれの末裔であるとか、親戚であるとか、知人であるといったようなことを、誇らしげに話す人がいるだろう。自分の祖父はなにがしです、伯父は誰々で、親友は何々です……と延々としゃべり続ける。おそらく、ろくに会ったこともないような人たちだろう。でも、まあそれならそれでいい。

だが、**それがほんとうだとして、それがどうしたというのだろう。だからといって、その人が偉いのか。そんなことはないだろう。**

あるいは、一人でワイン五、六本を空けた、と誇らしげに語る人がいる。その人のためにあえて言うが、それは嘘だ。そうでなければ、その人は怪物だ。

このように、例を挙げればきりがないほど、私たち人間は、虚栄心のために馬鹿なことを言ったり、話を誇張したりしている。そしてそのために本来の目的を果たせず、かえって評価を下げている。**本質とまったく関係のないことを取り上げて自慢するということは、中身がないことを自ら暴露しているようなものだ。**

黙っていても長所は自ら光る

こういった愚かな行為から身を守る**唯一の方法は、自分の話をしないということだ。**経歴など、どうしても自分の話をしなければならない時も、自慢したくて言っていると思われるような言葉は、直接的なものであれ間接的なものであれ、いっさい慎むように心がけるといい。

人格などというものは、善悪にかかわらず、いずれ知れてしまうものだ。わざわざ自分から言うには及ばない。しかも、本人が自分の口から言えば、だれもそれを信じはしないだろう。

自分の口から言えば、欠点を隠すことができるとか、長所が余計に光る、などとは、まちがっても思わないことだ。そんなことをすれば、欠点はなおさら目立ち、長所はかすんでしまう。

自分からは何も言わずに黙っていれば、かえって長所があると思われるものだ。少なくとも、奥ゆかしいと思われることはたしかだ。それに、不必要なねたみやそしりや嘲笑を受けて、正当な評価を妨げられることはない。しかし、どんなにうまく変装しているつもりでも、自分でそれを言ってしまえば、周りの人の反感を買い、思ってもみない結果に肩を落とすことになるだろう。そんなことにならないためには、自分の話をしないのが一番だ。

2 自分に「重み」をつけることも大切

何を考えているのかわからないような人や、いかにも性格の暗そうな人がいるが、あれもほめられたことではない。だいいち、感じが悪いし、あらぬ嫌疑をかけられる。それに、何を考えているかわからないような人には、だれも、自分の心の内を話さないだろう。

能力ある人間というものは、内面は慎重でもそれをおもてに表さず、外面的には、

だれとでもすぐ打ちとけられて、気さくで賢そうに振る舞うものだ。自分の守りは固めておくが、一見明けっ広げに見せることで、相手の守りは解いてしまうのだ。

なぜ、自分の守りを固める必要があるかというと、不用意に何でもしゃべってしまうと、たいていはそれがどこかに引用され、いいように使われてしまうからだ。だから、**気さくに振る舞うことと同じように、慎重であることも大切な要素なのだ。**

相手の言葉は「耳」でなく「目」で聞く

話をする時は、いつも、相手の目を見ることだ。そうしなければ、何かやましいことがあるのではないかと疑われる。それに、話している相手の目を見ないことほど、失礼で許し難いことはない。天井に目をやったり、窓の外をながめたり、かぎたばこ入れをもてあそんだり……。そんなもののほうが、今自分に話しかけてくれる人より大切だと、そう公言しているようなものなのだ。

そんなことをすれば、多少なりとも自尊心のある人が腹を立て、憎しみに顔をゆがめるのも当然だろう。何度も言うようだが、どんな人でも、こういう扱いを受けて、自尊心が傷つかない人はいないのだよ。

相手の目を見ないということは、こちらの印象を悪くするだけではない。自分の話が、相手にどう受け取られているかを観察する機会を、みすみす捨てているようなものだ。**相手の心の内を読むには、耳よりも目に頼ったほうがよい、**私はかねてからそう思っている。思っていないことを口で言うのは簡単だが、目に表すのは、至難の業だと思うからだ。

人の中傷をしない

次に注意したいことは、**自分から進んで人の醜聞《しゅうぶん》に耳を傾けたり、言いふらしたりしないということだ。**当座は楽しいかもしれない。けれど冷静に考えてみれば、そんなことをしたって、何の得にもならないことがわかるだろう。中傷をすれば、した側が非難を受けるだけだ。

「笑い」にも品というものがある

大声で笑うのもよくない。**大声で笑うのは、くだらないことにしか喜びを見出せない、愚か者のすることだ。**本物の機知に富んだ人、分別ある人は、けっして人を馬鹿笑いさせたり、自分でも馬鹿笑いしたりしない。笑っても、声をたてずに微笑むだけだ。

君も、けっして大声で笑うような下品な真似はしないことだ。ことあるごとにげらげら笑うのは、馬鹿の証しのようなものだ。

たとえば、だれかが椅子に腰かけようとする。ところが椅子がない。尻もちをつく。そこでどっと笑いがまき起こる——何と低俗な笑いだろう。ところが、かれらはそれが楽しいという。何と低級で、了見の狭い楽しみだ。下品な悪ふざけや、くだらない偶発事件を見て大笑いする以外に、もっと心が豊かになり、表情が明るくなるような楽しみを知らないのかと思ってしまう。それに、あんなに大声で笑ったのでは耳障りだし、見苦しい。

馬鹿笑いは、我慢しようと思えば、少しの努力で簡単に我慢できる。それをしないのは、人々の間に、笑いとは陽気で楽しいもの、よいもの、というイメージが固定しているからだ。だから、その馬鹿馬鹿しさに気づくところまでいかないのだ。

なにげない「癖」で自分の評価を下げるな

笑いといえば、話をしながらやたらに笑う癖のある人がいる。私の知人のワラー氏もそうで、人格はいたってご立派なのだが、困ったことに、笑いながらでないと話ができない。この人を知らない人は、この様子を見ると、初めは少し頭が変な人だと思うようだが、それもしかたがないだろう。

これに限らず、あまり感じがいいとは言えない癖がたくさんある。初めて社会に出た時、手持ち無沙汰だったり、変な気取りがあったりして、思わずしてしまった動作が、そのまま身についてしまったものではないだろうか。

初めて世に出る時は、どうしていいかわからず、いろんな表情をつくってみたり、いろんな動作を試してみたりするものだ。それがいつの間にやら癖になり、それで今でも鼻に手をやったり、頭をかいてみたり、帽子をいじったりするのだ。

見ていてどことなくぎごちなかったり、落ち着きがない人は、どこかにそんな癖が残っているものだ。そういう人はたくさんいる。が、だからといって、それでいいというわけではない。悪いことをしているわけではないが、**やはり、見た目に感じのよくないことは、できる限りやめたほうがいい。**

3 グループづき合いで成功する秘訣

機知やユーモアや冗談は、ひとつの集団のなかでしか通用しないことが多い。そういったものは、特殊な土壌のなかから生まれるのだろう。他の土地へ移植しようとしても無理なことが多い。

どんなグループにも、そのグループ特有の背景というものがあるだろう。そこから独特の言い回しや言葉が生まれ、ひいては、独特のユーモアや冗談が生まれるのだ。それを、土壌のちがう別のグループに持っていっても、無味乾燥で、何の面白味もないのは当然だろう。

「受けない」冗談ほど惨《みじ》めなものはない。座はシラけ、ひどい場合になると、何が面白いのか説明してくれなどと言われる。そんな時の惨めな気持ちは、わざわざここに書くまでもない。

冗談だけではない。ある集まりで耳にしたことを、他の集まりに行って、軽々しく口にするのはやめるべきだ。たいしたことではないと思っても、回り回って、想像以上に重大な事態を招かないとも限らない。

それに、だいいち、そういうことをするのは、礼にもとっている。規約はないまでも、**どこかで耳にした会話の内容をみだりに口外しないというのは、暗黙の了解のようなものだ。**それに反すれば、あちこちから非難を受け、どこに行っても快く迎えられなくなる。

自分の意見を持たない「いい人」は大物になれない

どのグループにも、いわゆる「いい人」というのがいる。「いい人」ということだけで、仲間に加えてもらっている人だ。かれらをよく観察してみると、実は何の取り柄もなく、魅力もなく、自分の意見も意志もない人である場合が少なくない。

かれらは、仲間たちがしたことや言ったことなら、何でも簡単に同意し、譲り、称賛の声を上げる。仲間の大半がたまたま同意したというだけで、どんなにまちがったことでも、愚かなことでも、いともあっさりと迎合してしまう。なぜそんな、つまらない馬鹿げたことをするのか。それはほかに取り柄がないからだ。

君は、もっとまともな理由でグループの一員に迎え入れられるよう、努力してもらいたいものだ。そのためには、**自分の意志、考えを持ち、それを容易に変えないことが大切だ。** ただし、それを表現する時は礼儀正しく、ユーモアを持って、そしてできることなら、品位を持って臨んでほしい。君の年では、上からものを言ったり、非難がましいもの言いをするのはまだ早すぎる。

いわゆる「いい人たち」の媚《こび》以外なら、人に愛想よくすることは、それ自体咎《とが》められる性質のものではない。むしろ、人づき合いのうえで欠くことのできないものではないだろうか。

たとえば、ちょっとした欠点は気づかないふりをする、キザな言動も大目に見る、といったことのみならず、一定の範囲内で積極的にお世辞を言う、といったことも許されてしかるべきだし、またそのほうが、親切という場合もあるだろう。お世辞を言われる側も、おだてられれば嬉しいが、おだてられなければ、それ以上向上しないというだけの話だ。

お世辞が言えるのも立派な能力

どんなグループにも、そのグループの言葉遣いや服装や趣味や教養を左右する人物がいる。女性なら、さしずめ美貌、機知、服装、そのほかすべてに傑出した人物だろう。男性も似たようなものだが、その日の座を沸かしたかどうかといったことよりも、もっと根本的な部分で、グループ全体を引っぱっていける人物であるかどうかが、決め手となる。衆目がこういう人に集まるのは、自然のなりゆきだ。一種の威圧感があるのだろう。

これに逆らえばどうなるか。即刻追放である。いかなる機知も、作法も、趣味も、服装もその場で拒絶される。だから、そういう人に対しては、**無邪気に従うに限る。多少のおべっかも結構。**そうすれば、強力な推薦状を得たも同然で、グループ内といわず、広く社会に自由に出入りできるパスポートを手に入れられる。

4 「気配り」が自然にできる人になれ

人を怒らせるより喜ばせたかったら、悪口を言われるよりほめられたかったら、憎まれるより愛されたかったら、**常に、相手に気を配ることを忘れないことだ。**それもほんのちょっとしたことでいい。

たとえば、人にはそれぞれちょっとした癖とか趣味、好き嫌いのようなものがあるだろう。それを観察するのだ。そして好きなものを目の前に出し、嫌いなものは引っ込める。

卑近な例で言えば、あなたがお好きなワインを用意しておきました、といったことでいい。あるいは、あの方のことをあまりお好きではないようなので、今日はお呼びしませんでした、というのでもいい。そんなさりげない気配りが相手の心を開かせ、自分のことをこんなに気遣ってくれているのかと、感激させる。

その反対に、嫌いなものを知っていて、不注意からそれを出すようなことをすれば、結果は明白、相手は馬鹿にされたと思うか、軽くあしらわれたと思って、いつまでも根に持つだろう。

ほんのささいなことでいい。**ささいなことであればあるだけ、特別の気配りを感じ、もっと立派なことをしてもらったより感激するものだ。**

君だって覚えがあるだろう。ほんのわずかの気配りがどれだけ嬉しかったか。人間ならだれもが持っている虚栄心が、そのことでどれだけ満足させられたか——。それだけではない。たったそれだけのことで、それ以後、その人に傾斜し、その人のすることなすこと、すべてを好意的に受け止めるようにならなかっただろうか。人間とは、そんなものなのだ。

相手のほめられたがっているところをほめる

特定の人に気に入られよう、特定の人と友だちになろうと思ったら、**その人の長所・短所を徹底的に探し出して、その人がほめてもらいたがっているところをほめる**という手もある。

人には、**実際に優れている部分と、優れていると思われたい部分があるものだ。**優れている部分をほめられるのは嬉しいが、それ以上に嬉しいのは、優れていると思われたい部分をほめられることだ。これほど、自尊心をくすぐられるものはないといっていい。

たとえば、当時の政治家としては（いや、たぶん今までの政治家のなかではと言ってもいいだろう）抜群の才能を持っていた、フランスの枢機卿リシュリューのことを思い出してほしい。

かれは、政治家としての名声に飽き足らず、詩人としても、だれよりも優れていると思われたいというつまらぬ虚栄心を持っていたために、偉大な劇作家コルネイユの名声をねたみ、ほかの人間に命じてわざわざ『ル・シッド』の批評を書かせた。これを見たおべっかのうまい連中は、リシュリューの政治手腕についてはほとんど触れず、触れてもごくさりげない範囲にとどめておいて、もう一方で、しきりに詩人としての才をほめたたえたのだった。

かれらは知っていたのだ。そうすることが、自分たちに好意を抱かせる、最高の薬だということを。リシュリューが、政治手腕には自信があっても、詩人としての才能には自信がなかったからだ。

どんな人にも、ほめられたい箇所がある。それを見つけるには、観察するのが一番だ。その人が好んで話題にするものを、よく注意して観察するといい。たいていは、自分がほめられたいこと、優れていると認められたいものを、一番多く話題にのせるものだ。そこが急所だ。そこを突けば相手は落ちる。

時には「目をつぶる」ことも大切

誤解しないでもらいたいが、私は、あさましいおべっかを使って人を操れ、と言っているのではない。人の欠点、悪事までほめる必要はないし、ほめるべきではない。それどころか、そういうものは憎むべきだし、よくないと断言すべきだと思っている。でも考えてほしい。**人間の欠点や、あさはかだけれどたわいない虚栄心に目をつぶらなければ、この世の中を生きていくことなんて、できはしない**のだよ。

だれかが、実際よりも賢く思われたい、美しく思われたいと思ったとしても、だれにも毒は及ぼさない。無邪気なものじゃないか。そういう人たちに、そう思うのはまちがっているよ、などと言っても始まらない。言って嫌な思いをさせるより、私なら、多少のお世辞を使っても、かれらに気持ちのよい思いをさせて、友だちになったほうがいい。

相手に長所があれば、君だって、快く賛辞が贈れるだろう。でも、自分としてはあまり賛成できないようなことでも、その社会で認められていることなら、目をつぶって賛成したほうがいい、という時だってあるんだよ。

君は、人をほめるのがあまり得意でないようだが、それは、人間がいかに自分の考えや好みを支持してもらいたがっているか、さらには明らかにまちがった考えや、自分の小さな欠点まで大目に見て認めてもらいたがっているか、まだよくわかっていないからだ。

私たちは、自分の考えのみならず、癖や服装のようなくだらないものでも、ケチをつけられれば傷つき、認めてもらえれば大喜びするものだ。面白い話を紹介しよう。

チャールズ二世の、悪名高き統治時代の話だ。当時大法官を務めていた、かのシャフツベリ伯爵は、大臣としてだけでなく、個人的にも王のお気に入りになりたいと考えていた。

王が女好きだということを知っていたシャフツベリは、そこで一計を案じ、自分も女を囲った（といっても、実際にその女のところへ足を踏み入れることはなかったが）。そのうわさを聞き及んだ王は、シャフツベリに、それはほんとうかと尋ねた。シャフツベリは、ほんとうです、ほかにも何人か囲っております、変化があるほうが楽しいですからね、と答えた。

何日かたって、一般の接見式の時、王は遠くからシャフツベリを見つけると、周りの者にこう言った。

「皆の者、信じられないとは思うが、あそこに見えるあの気弱な小男が、この国随一の女たらしだ」

シャフツベリが近づくにつれて、笑いが広がった。王は言った。

「今、おまえのことを話していたのだよ」

「え？　私のことを、ですか？」

「そうだ、おまえが、この国で一番の女たらしだ、と話していたところだ。どうだ？ちがうか？」

シャフツベリは言った。

「ああ、その件ですか。それでしたら、たぶん、私が一番ということになろうかと存じます」

王がどんなに喜んだかは、容易に想像がつくだろう。

人には、それぞれ特有のものの考え方、行動様式、性格、外見がある。それについては、少なくとも、こちらからは口に出してあれこれ言わないのが一種の約束事のようになっている。だから、**少しぐらい自分とちがっても、それが格別悪いことや自分の威信を傷つけることでない限り、進んで順応することが大切なのではないだろうか。**

陰でほめられることほどうれしいものはない

相手を一番喜ばせるほめ方は、少々戦略的ではあるが、**陰でほめることだ。**といっても、ただ陰でほめるだけでは意味がない。そのことが、**確実にほめた相手に伝わらなければならない。**

大切なのは、ほめたことを伝えてくれそうな人を選ぶことだ。伝えることによって、その人も得をするような人を探すといい。そうすれば、確実に伝えてくれるだけでなく、もしかしたら、誇張してほめてくれるかもしれない。人に対する賛辞のなかで、これほど喜ばしいもの、効果的なものはないと言っていい。

以上、これまで書いてきたようなことは、これから社会生活の第一歩を歩き出そうとする君が、気持ちいい人づき合いをするうえで必要なことだと思ってくれていい。

私も、君の年にこれらのことを知っていたら、どれだけよかったかと思う。私の場合、これだけのことを知るのに、三十五年の歳月を要した。けれど今、君が、その実を摘み取ってくれるなら、悔いはない。

5 友が多く、敵が少ない人間こそ「強者」だ

この世に敵のいない人間はいないし、すべての人間に愛される人もいない。けれどだからといって、愛される努力をしなくていいかというと、そんなことはない。

私の長年の経験から言うと、**友が多く敵の少ない人がこの世で一番強い。**そういう人は恨みを買ったり、ねたまれたりすることがめったにないので、だれよりも早く出世するし、万一落ちぶれるにしても、人々の同情を集めながら、優雅に落ちぶれる。

こう考えてみると、**友が多く敵が少ないというのは、常に心して努力してみる価値のある、ひとつの目標ではないだろうか。**

人は「頭」でなく「心配り」で自分を守る

君は、故オーモンド公爵の話を聞いたことがあるだろうか。頭は弱かったが、礼儀作法にかけては右に出る者はなく、この国随一の人望を誇った人だ。もともと気さくで優しい性格だったところへ、宮廷生活や軍隊生活で身につけた、物腰の柔らかさやこまやかな気配りが加わり、その魅力は、この人の無能力ぶり（ほとんどすべての分野にわたって、無能力に近かった）を補ってなおあまりあるほどだった。だれからも評価は受けなかったが、だれからも愛された。

その人望のほどが顕著に現れたのは、アン女王の死後、不穏な動きを起こした人々が弾劾裁判を受けた時、同一行動を取ったかどで、オーモンド公爵に対しても、形式上同じ処遇を取る必要が生じた時だ。弾劾されはしたが、当時の政党間の熾烈な争いにもかかわらず、公爵を徹底的にたたきのめそうという辛辣《しんらつ》な態度とは、ほど遠いものだったのだ。

オーモンド公爵弾劾決議案は、ほかのだれに対するものよりもはるかに少ない賛成票で、上院を通過した。そして弾劾の張本人でもあった、当時の国務大臣スタナップ氏（後に伯爵）が、早速アン女王の跡を継いだジョージ一世とかけ合って調整に乗り出し、明日は公爵を王に接見させる、という段取りまで整っていた時だ。

オーモンド公爵を取られては、この訴訟に勝てないと踏んだ、ステュアート王朝復活派のロチェスターの主教が、急いで、この頭の弱い気の毒な公爵のもとに駆けつけて、ジョージ一世と接見したところで、不名誉な服従を強いられるだけで恩赦《おんしや》されることはないと嘯《うそぶ》き、オーモンド公爵を逃亡させたのだった。

その後、オーモンド公爵の私権剥奪《はくだつ》が可決された時も、それに抗議して大衆が治安を乱すなど、大変な騒動となった。公爵には敵はいなかったが、好感を持っている人が何千人といたからだ。

それもこれも、もとはと言えば、公爵が人を喜ばせたいという自然な気持ちを持ち、それを経験によって実践したからにほかならない。

「愛される努力」を怠っていないか

人望ほど、合理的で着実な拠《よ》りどころはない。**一人の人間を押し上げるのは、人々の好意であり、愛情であり、善意だ。**

そういったものを手に入れるには、どうしたらいいのだろうか。それにはまず、**手に入れようと努力することが大切だ。**今までに、努力しないで得られた人はいない。

人々の好意や愛情と私が言うのは、恋人間の感傷的な感情や、友人間の友愛のように、近しい間柄だけに限られるものとは別のものだ。私たちが、様々な人間とかかわりを持つ時に、その人に合った喜ばせ方をすることによって手に入れられる、もっと広範な好意、愛情、善意のことだ。

こういう好感情は、その人の利害と対立しない限り、いつまでも続くものだ（それ以上の好意を望んで得られる相手というのは、家族も含めて、せいぜい三人いるかいないか、といったところではないだろうか）。

この私が、今までの四十年以上の経験を持って、二十歳から人生をやり直せと言われたなら、私は人生の大部分を、できる限り多くの人々に愛される努力をすることに費やしたいと思う。

かつてのように、自分に顔を向けてほしい男性や女性の心をつかむことにのみ専心して、ほかの人はどうでもいいという態度を取るのは、是非やめにしたい。万一、自分が狙った人物の評価をまちがっていたら（これが、能力ある人間には実によくある話なのだ）、ほかの人は怒らせてしまっているし、どちらを向いたらいいのかもわからずに、路頭に迷ってしまう。

それよりは、多くの人々から好かれ、そのなかでぬくぬくとしているほうがいい。それが一番大きな後ろ楯だ。男性でも女性でも、人間というものは、人望に弱いものだ。**人望のある人を後ろ楯にしている人は、成功の可能性も高いし、その度合いも大きい。**女性だって、人望のある男性には、不思議と心ひかれるものだ。

人望を集めることは、そう難しいことではない。優雅な身のこなし、真剣なまなざし、こまやかな心遣い、相手の喜ぶ言葉、雰囲気、服装など、ほんのちょっとした行為がいくつも集まれば、相手の心をつかむことはできる。

私がこれまでに会った人々のなかには、見かけは美しいが、少しも私の心をとらえない女性、思慮分別はあるのだが、どうしても好きになれない人物がたくさんいた。どうしてだか、もう君にはわかるだろう。そう、その人たちは、自分の美しさ、能力に自信があったために、**人の心をつかむ術を身につけることを怠ってしまったのだ。**何という大きな過ちだろう。

私は、あまり美しいとは言えない女性と恋をしたことがある。しかし、その女性は気品にあふれ、人を喜ばせる術、心をつかむ術をよく心得ていた。私は自分の生涯で、この女性と恋をした時ほど、夢中になったことはないような気がしている。

第8章

自分の「品格」を養う

――学問ばかりが勉強ではない。

子を知るは賢明なる父なり。

ウィリアム・シェークスピア（劇作家）

1 飾りのない「骨組みだけの建物」になるな

君という小さな建造物も、今や、その骨組みがほぼでき上がりつつある。あとは、美しく仕上げることが君の務めであり、また私の関心事である。君は、**ありとあらゆる優雅さとたしなみを身にまといなさい。**それらは、骨組みがしっかりできていなければ、ちゃちな飾りものにすぎないが、骨組みがしっかりできていれば、建造物を引きたてる。それどころか、**いくら頑丈な骨組みでも、飾りがなければ魅力が半減することだってある。**

君は、トスカーナ式建築というのを知っているだろう。すべての建築形式のなかで、最も頑丈なものだ。ところが同時に、最も洗練されていない、野暮な形式でもある。

頑丈さの点から言えば、大建造物の基礎や土台にはもってこいと言えるが、もし、これで建物全部を建ててしまったらどうだろう。だれも、その建物に目を留める人はいないだろうし、その前で立ち止まる人も、ましてや、なかに入ってみようなどという人はいないだろう。正面が野暮で殺風景なのだから、推して知るべし、わざわざなかに入って、仕上げや装飾を見るまでもないと思うのも無理はない。

ところがトスカーナ式の土台の上に、ドーリア式、イオニア式、コリント式の柱が立ち並び、美を競っていたらどうだろう。建築物なんかにまったく興味のない人でも、思わず目を奪われ、どんなに不用意に通りすがった人でも、思わず足を止めるだろう。そして、なかを見たいと申し出て、実際になかに入ってしまうにちがいない。

「自分をよりよく見せる才」を磨く

ここに一人の男がいる。知識、教養は人並みだが、見るからに感じがよく、話しぶりにも好感が持てる。言うことなすことすべて品位があり、丁寧で愛想がよくて……と、いわば自分をよく見せる才にたけた人物だ。

そして、もう一人男がいる。知識が豊富で、判断力もたしかな男だ。でも、さっきの男にあったような、自分をよく見せる才には欠けている。

さて、どちらの男が世間の荒波をうまくわたっていけるだろうか。そう、明らかに前者だ。装飾品をたくさんつけた人間が、自分を飾ろうとしない人間を手玉に取るだろう。

あまり賢いとは言えない人たち（全人類の四分の三くらいはそうじゃないだろうか）**の心をつかむのは、いつも外見だ。**かれらにとっては、礼儀作法や物腰や、応対のしかたがすべてだ。それ以上奥を見ようとはしない。でも、それは賢人も似たり寄ったりなのだ。**賢人だって、目や耳に心地よくないもの、心をくすぐらないものに対しては、頭がついていかないものだ。**

徹頭徹尾「品位」を保て

人の心をつかみたいと思ったら、まず、**五感に訴えることが大切だ。目を楽しませ、耳を楽しませる。**そうやって理性を金縛りにして心を奪うのだ。

その意味では、**「徹頭徹尾〝品位〟を保て」**と言いたい。同じことでも、品位が感じられるのと、そうでないのとでは、受け取られ方に天と地ほどの開きが出る。

ちょっと考えてみてほしい。受け答えがおどおどしていて、身なりもだらしなく、話し方もどもったり、小さな声でボソボソ言ったり、単調だったり、のろのろしていたり、そして動作にも注意が行き届いていない……そういった人に初めて会ったら、どんな印象を持つだろうか。

その人のことを何も知らないにもかかわらず、もしかしたら、すばらしいものを持っているかもしれないにもかかわらず、内面まで想像するゆとりもなく、心のなかで拒否してしまうのではないだろうか。

ところがその反対に、することなすことすべてに神経が行き届き、品位が感じられたらどうだろう。内面なんか知らなくても、見た瞬間に心を奪われ、その人に好意を抱いてしまうのではないだろうか。

何がどうしてそんなに人の心をひきつけるのか、を説明することは難しい。けれどひとつ言えることは、**言葉では説明できない何か、ちょっとした動作やちょっとした言葉が、ひとつだけではたいして光りもしないのに、たくさん集まるとさん然と輝き**

始め、それが人の心をとらえて離さないのではないかということだ。ちょうどモザイクが、一片だけでは美しくもなんともないのに、集まるとひとつの模様を作って美しい、というのに似ている。

こざっぱりとした身なり、優しいしぐさ、節度を保った衣服、心地よく響く声、伸びやかで曇りのない表情、相手に合わせながらもなおはっきりとした話しぶり——これ以外にもまだまだあるが、こういったもの一つひとつが、なぜか人の心をとらえて離さない、小さな要素にちがいない。少なくとも私はそう思っている。

2 人の「長所」をとことん真似しなさい

人の心をとらえる言動は、だれでも身につけることができるだろうか。

立派な人たちと頻繁に交流できる立場にあり、機会があれば、そして自分にその気があれば、必ずできる。立派な人たちを注意して観察し、その通りのことをすればばいい。そうすれば、自分もできるようになる。

まず、最初に見た時に、なぜかわからないが目をひきつけられ、好感を持ち、よい人だと思ってしまった人がいたら、**自分をひきつけている言動をよく観察して、何がそんなにいい印象を与えているのかを考えてみてほしい。**

たいていは、いろんなものの寄せ集めであることが多いが、その一つひとつは、たとえば謙虚だが堂々とした態度であったり、卑屈でない敬意の表し方であったり、優雅で気取りのない体の動き、四肢の動きであったり、節度ある衣服だったりするだろう。

ともかく、**それがわかったら真似することだ。**その時、自分を捨てて真似してはいけない。偉大な画家が、他の画家の作品を模写するように、美という観点からも自由という観点からも、**けっして原作に見劣りがしないように、丁寧になぞっていくのだ。**

好感の持てる人物を観察し、複製になるくらい真似ること

万人から、礼儀作法も立派だし、好感の持てる人物だと認められている人に会ったら、その人にも注目して、注意深く観察してみるといい。

目上の人に対しては、どんな態度でどのような言葉遣いで接しているか、自分と地位が同じくらいの人とは、どういうつき合い方をしているか、自分より地位の低い人に対しては、どういう扱いをしているか。午前中に人を訪問する時はどういう内容の話をしているか。食卓では、夜の集まりではどうか等々。それらをしっかり観察して、その通りのことをやってみるのだ。

ただし**猿真似になってはいけない。その人の複製になるのだ。**

そうやって努力するうちに、その人は、人を軽くあしらうようなこと、無視するようなこと、自尊心や虚栄心を傷つけるようなことは、けっしてしないということがわかるだろう。と同時に、それぞれの人間に合わせて敬意を払ったり、評価を与えたり、

気を配ったりなど、相手を喜ばせて心をつかんでいることもわかるはずだ。しょせん、蒔《ま》かない種は生えないのだ。好感の持てる人物も、丁寧に種を蒔き、たわわに実った作物を刈り取っているにすぎない。

好感を持たれる所作は、実際に真似をし続けるうちに、必ず身についてくる。それは、現在の自分を振り返ってみればすぐにわかる。現在の自分の半分以上は、真似によってできていはしないだろうか。大切なのは、**いい例を選ぶということ、そして何がよいのかを見極めることだ。**

人間というのは、ふだんよく話をしている相手の雰囲気、態度、長所・短所だけでなく、ものの考え方まで、無意識のうちに取り入れてしまうものだ。私の知り合いの何人かも、本人はそれほどたいした頭を持っているわけではないのに、ふだん賢い人たちとつき合っているがために、思いもよらないすばらしい機知を発することがある。

君も、私がいつも言っているように、優れた人たちとつき合うようにすれば、何もしなくても、知らない間にかれらと同じようになるだろう。そこに集中力と観察眼が加われば鬼に金棒、すぐにかれらと対等になれる。

周りにつまらない人間だけしかいなかったら……

周りに好感の持てる人がたまたまいなかったら、どうしたらいいか。そうしたら、だれでもいい、そこにいる人をじっくり観察することだ。**どんな立派な人間でも、ありとあらゆる長所は持ちきれないのと同じように、どんなにつまらなさそうに見える人でも、必ずひとつは良いところがある。**それを真似したらいい。**そして嫌な部分は、反面教師にすればいい。**

好感を持たれる人と、そうでない人のちがい。それは、言動の中身は同じでも、態度がまったくちがうことである。世間でもてはやされている人物も、品位のまったく感じられない人物も、話し、衣服をまとい、食べ、飲むことに変わりはない。ちがうのは、その方法、態度だ。

だからどんな話し方、歩き方、食べ方等が嫌な印象を与えているのかをよく観察すれば、自分はどうしたらいいのか、おのずとわかるはずだ。

3 人の心をとらえる方法

実際に人の心に訴えるには、どうしたらいいのだろうか。次に、いくつかの項目にまとめて書いてみたい。参考になれば幸いだ。

きれいに立ち、きれいに歩き、きれいに座る

先日、君のことをいつもほめて下さるハービー夫人から手紙をもらい、君が、とある場所でダンスをしているのを見かけたが、とても優美な身のこなしだったと書いてあった。私は、とても嬉しかった。ダンスが優美に踊れるのなら、歩くのも、立つのも、座るのも優雅にできるにちがいないと思ったからだ。

立つ、歩く、座るは、動作としては単純だが、ダンスをうまく踊ることよりも、ずっと大切なことだ。私の知人にも、ダンスが下手で、立ち居振る舞いがきれいな人

はいるが、ダンスが上手で、立ち居振る舞いが見苦しい人は一人もいない。きれいに立つこと、きれいに歩くことはできても、きれいに座ることのできる人はなかなかいない。人の前に出ると萎縮《いしゅく》してしまう人など、不自然に背中を伸ばして、コチコチに座ってしまう。どちらかというと気さくで、あまり構わないタイプの人は、椅子に全体重を預けるようにもたれかかる。これはよほど親しい間柄でない限り、あまり感じのいいものではない。

模範的な座り方は、まず、気分を楽に持つこと、そうして外からもそう見えるように、全体重をかけずに、ゆったりと腰を下ろすこと、体を固くして不動の姿勢をとるのでなく、力を抜いて自然に振る舞うことだろう。たぶん、君はできているだろうが、そうでなければできるだけこれに近づくように練習するといい。

ほんのちょっとした動作の美しさが、女性だけでなく、男性の心までもとらえるのだ。それは、仕事の場でも同じだ。**優雅な立ち居振る舞いが、どれだけ人の心をひきつけるか、よく認識することだ。**

たとえば、一人の女性が扇を落としたとしよう。ヨーロッパで一番優雅な男も、一番優雅でない男も、それを拾って手渡すことに変わりはない。けれど、結果には大きな開きがある。優雅な男は、拾うことによって感謝されるだろうが、がさつな男は、その動作がぎごちないために、もの笑いの種になってしまう。

優雅な立ち居振る舞いをするのは、公の場だけというわけではない。日常の場でも同じだ。小事を馬鹿にしていると、いざという時にできない。コーヒー一杯を飲むにしても、カップの持ち方が変だったために、なかでコーヒーがパチャパチャはねたなどということのないように。

ヘタに個性の出ない服装こそ最高の身だしなみ

そろそろ君も、自分の服装について、きちんとした考えを持ってもいい年だ。私は、服装を見ると、どうしてもその人の人となりを想像してしまう。ほかの人もそうではないだろうか。

私の場合、服装に少しでも気取りが感じられると、その人の考え方も、少しゆがんでいるのではないかと思ってしまう。たとえば、現代のイギリスの若者は、大なり小なり、服装で自己主張しているだろう。

大げさに着飾るのが好きで、派手な服装をしている人を見ると、内容のなさを隠すために、わざと威圧的な格好をしているようで、気分が悪くなる。

一方、着るものにまったく構わず、宮廷の人間か、馬の世話人か御者《ぎょしゃ》か区別がつかないような格好をしている者はまた、中身まで疑わずにはいられない。

分別のある人は、服装に個性が出ないように気を配るものだ。自分だけ飛び抜けた格好はしない。その土地の知識人、その社会の人と同じ程度の格好、同じような服装をする。**身なりが立派すぎれば浮いてしまうし、みすぼらしければ、服装に気配りがされていないということで失礼に当たるからだ。**

けれど私自身の考えでは、**若者は、みすぼらしいよりは、ちょっと頑張りすぎぐらいがちょうどいい。**頑張りすぎは、年を経れば少しずつ収まるが、構わなすぎは悲惨で、四十歳ではみ出し者、五十歳では鼻つまみ者になってしまう。

だから、周りの人が立派な身なりをしている時は自分も立派に、簡素にしている時は自分も簡素にすることだ。ただし、いつも仕立てのいいもの、体にぴったり合ったものを身につけること。さもなければ、ぎくしゃくした感じになる。

またいったんその日の服装を決定し、それを身につけたら、二度と服装のことは考えないことだ。組み合わせがおかしいのではないか、色の調和が悪いのではないか、などと考えていたら動作が硬くなる。いったん身につけたら、二度とそのことは考えずに、何も身にまとっていないかのごとく、自然に、気持ちよく動くことだ。

それから、髪型にも心を配るように。**髪は服装の一部だ。**また君は、靴下をたるませていたり、靴の留め金をはずしたままはいたりしていないだろうね。**だらしない足もとほど、ぞんざいな印象を与えるものはない**からね。

人にいい印象を与えようと思ったら、**清潔であることが殊《こと》に大切だ。**君は、手や爪《つめ》をいつもきれいにしているか。歯は、毎日、毎食後必ず磨いているだろうか。歯は特に大切だ。いつまでも自分の歯で噛めるためにも、あの耐え難い痛みを経験しないですむためにも、注意を怠ってはならない。それに、歯が悪くなると、嫌な臭いを発するようになるから、周りの人に対しても失礼だ。

君は、なかなか立派な歯を持っているようだが、その点、私などはひどいものだ。若い頃からの注意を怠ったために、今ではボロボロだ。

毎食後、お湯と柔らかい歯ブラシを使って四、五分磨き、五、六回は口をゆすぐ習慣をつけるといい。歯並びについては、そちらに有名な専門家がいると聞く。早速訪ねて、理想的な歯並びに矯正してもらいなさい。

「表情」を磨けば自然に心も磨かれる

人の心をつかむ要因は多々あるが、**なかでも効果絶大で、人の目をとらえて離さないのが、表情ではないだろうか。**ところが君は、このことが少しもわかっていないようだね。

ふつうの人は、少しでも自分の容姿に不備なところがあれば、それを隠そう、補おうと、必死の努力をするものだ。あまり上出来とは言えない容姿を授かった人たちならなおさらのこと、少しでもよく見せようと、上品に振る舞ってみたり、優しく微笑んだり（たいていは、ミルトンの『失楽園』に登場する悪魔のように、さらに恐ろしい形相になったりするのだが）、涙ぐましいまでの努力をしている。

君だけだ、神様がくださったせっかくの容姿を、有難く頂戴しないばかりか、それを冒涜《ぼうとく》しているのは。君の顔つき、その表情はいったいどうしたのだ。自分では男らしく、思慮深く、決断力に富んだ顔つきをしていると思っているかもしれないが、とんでもない思いちがいだ。せいぜいほめたところで、毎日号令ばかりかけて、いかめしく見られようとしている伍長と同じ顔だ。

私の知っているある若者は、議会に議員として選出されたばかりの時、私室で鏡に向かって、表情や動作の練習をしているところをのぞき見されて、もの笑いの種になったことがある。だが、私は笑えなかった。それどころか、この若者は、笑っている人たちよりずっと、ものの道理がわかっていると思った。かれは知っていたのだ。公の場に出た時、どれだけ表情や動作がものを言うかを。

こんなことを書くと、君はきっとこう言うだろう。それじゃあ、温和な顔つきになるように研究しろ、四六時中気をつけろというのですか、と。返事をしよう。四六時中ではない。二週間でいい。二週間でいいから、**いい表情を浮かべるよう努力してほしい。**そうしたら、それからあとは、いっさい顔のことは考えなくてすむ。せっかく天からもらった顔だ。今まで冒涜してきた分の半分でいいから、努力することだ。

まず、目もとには、いつも優しい表情を浮かべるように。そして、全体としては微笑んでいるようなのがいい。その意味では、修道士の表情など少し見習ってみてはどうだろう。善意にあふれ、慈愛に満ち、厳かななかにも熱気のこもった表情――なかなか人の心をひきつけるものを持っていると思うが、どうだろう。もちろん、表情だけがいいわけではない。**たいていの人は、心がともなっている。**心がともなっていると思われるからこそ、かれらの表情が人々の心をとらえ、好感をもって受け入れられるのだ。

それでもなお、表情をとりつくろうのが面倒だと思うだろうか。だったら聞くが、君はなぜあんなに上手になるまで、ダンスを習ったのだ？　それだって面倒だったはずだ。少なくとも義務ではなかっただろう。

君はこう答えるにちがいない。それは人の心をつかむためです、と。正解だ。

では、君はどうして上等の服を着て、髪をカールさせるのだ。それだって面倒じゃないか。髪はまっすぐのほうが楽だし、服だってうすっぺらなボロをまとっていたほうが楽なはずだ。それなのに、どうしてそんなことに気を遣うのか。

君は答えるだろう。それは、人に嫌な印象を与えないためです、と。それも正解だ。それがわかっているなら、あとはただ道理に従って行動すればいい。ダンスや服装や髪よりもっと根本的な、「表情」を研究するのだ。

表情が悪ければ、ダンスも服も髪も台無しだ。それに、君が踊るのは、せいぜい年に六、七回くらいのものだが、**君の表情は、三百六十五日、君の顔の上で人目にさらされているのだ。**

4 人に「好感を持たれる」ための工夫をしているか

ここに挙げたようなことを、身につけることができなければ、どんなに豊富な知識を持っていても、どんなに巧妙に立ち回っても、思い通りに事が運ぶことは少ないだろう。

今こそ、この飾りを身につける時だ。今それができなければ、一生できないだろう。だからほかのことはすべてあと回しにして、今は、このことだけに集中することだ。

頑丈な枠組みと魅力的な装飾が合体すれば、それに勝るものはない。

私がこんな手紙を書いて、君に外面を飾れとしきりに教えていることを知ったら、杓子定規《しゃくしじょうぎ》人間や、世間を離脱した衒学《げんがく》人間はいったいどう思うだろう。たぶん軽蔑しきった顔をして、父親が息子に与える進言なら、ほかにもっとましなものがいくらでもあるだろうに……と言うにちがいない。

おそらくかれらの辞書には、「好感を持つ」とか「人好きのする」などという言葉はないのだろう。けれど、現実にこの言葉が存在するということは、それだけ人々が「好感を持たれる」ことを話題にし、それに関心を持ち、そう願っているからにほかならない。けっして、馬鹿にして笑い飛ばしていいものではない。

父親だけがとやかく言える、わが子の礼儀作法

かねがね思っているのだが、世の若者にこれほど無作法で見苦しい人間が多いのは、その親たちが礼儀作法を軽く見ているか、そんなことになどまるっきり関心がないか、そのどちらかのためではないだろうか。

かれらは基礎教育、大学、遊学とひと通りの教育を施《ほどこ》しはする。ところが子どものことに無頓着であったり、うかつだったりして、各々の教育過程で自分の子どもがどのように成長しているかを観察することもなく、あるいは、観察してもそれを判断することもなく、だらだらと過ごしてしまっているのだ。そして、自分を安心させるべくこうつぶやいているのだ。大丈夫だ、ほかの子どもたちと同じようにうまくやっているに決まっている、と。

ところが、同じようにやっているのはたしかでも、うまくはやっていないのだ。かれらは、学校時代に身につけた、子どもっぽい下品ないたずらをやめない。大学で身

につけた、偏屈な態度を変えない。遊学中に唯一身につけた、図々しさを改めない。

そういうことは、親が注意しなければ、他に注意できる人はだれもいない。だから、若者たちは、自分がどんどん目をおおいたくなるような態度を身につけているなどとは露知らず、ひたすら目にあまる無作法な行為を続けているにちがいないのだ。

前にも何度も話したと思うが、**子どもの礼儀作法や、人に対する態度をとやかく言うことができるのは父親だけなのだ。それは、子どもが大人になっても同じだ。**どんなに親しい友人でも、**父親が持っているような経験がなければ、注意などできるはずがない。**

君は、私のような忠実で友好的で目ざとい監視装置を持って幸せだ。私の目から逃れられるものは、何ひとつないと言っていい。君に欠点があれば、それを目ざとく発見して、改めるよう指示を出す。長所があれば、目ざとく発見して拍手を送る。それが、私の親としての務めだと思っている。

5

「学問」でできない教育こそ大切

人間とは、元来完璧なものではない。それをできる限り完璧な姿に近づけようというのが、君が生まれて以来、私が君に抱いてきた願望であり、私はその実現のために、ひたすら努力を重ねてきた。その労を惜しむことはないし、その費用を惜しむこともない。**教育とは、持って生まれた資質以上に人間を変え得るものだ、ということを知っているからだ。**それは君も経験上わかってきただろう。

まず、私が幼い君にしたことは、まだ判断力のないうちに、善を愛する気持ちや人を敬う気持ちを植えつけることだった。君は、それをまるで文法でも覚えるかのごとく機械的に身につけた。そして今では、自分の判断でそれをしている。もっとも、善を行なうことや、人を敬うことなど当然のことで、ふつうの人でも、教えられるまでもなくやっていることではあるのだが。

シャフツベリ卿は、いみじくもこう語っている。私は、人が見るから善を行なうのではない、自分のために善を行なうのだ。それは、人が見るから清潔にするのではなく、自分のために清潔にするのと同じことだ、と。

だから、君に判断力ができてからは、私は善を愛しなさいなどとは、ひと言たりとも書いていない。当然のことだからだ。

私が次に志したのは、君に、実質的で片寄りのない教育を施すことだった。これも、初めは私、次はハート氏、そして最近は君自身の力によって、予想以上の成果を上げてきた。私の期待に、十分応えてくれたといっていい。

そして今、最後に残っているのが、人との接し方、礼儀作法を教えることだ。これを知らなければ、せっかく身につけたものが不完全となり、輝きを失い、ある意味では無駄になってしまうだろう。ところが残念ながら、君はこの点に欠けているようなので、この手紙はその一点に絞って書くことにしよう。

まず自分を抑え、相手に合わせようとするのが基本

私たちの共通の友人は、礼儀について「**お互いに、自分を少し抑えて相手に合わせようとする、分別と良識ある行為**」と、うまい説明をしている。これに異議を唱える人はいないだろう。ただ、分別と良識ある人間（君もその一人だ）が、だれしも礼儀正しい人間になれるわけではないという点は、むしろ驚きに値する。

たしかに礼儀をどう表すかは、人、土地、環境等によって大きなちがいがあるし、それは実際に自分の目で見、耳で聞かなければわからないことではある。けれど、**礼を重んじる心そのものは、いつの時代でも、どこへ行っても、変わらないはずだ。**だから、意志のあるなしが、礼儀正しい人間になるかならないかの鍵を握ることになる。

礼儀が特定社会に及ぼす影響は、道徳が社会全般に及ぼす影響に似ている。社会をひとつにまとめ、安全性を高めるという影響だ。似ているのは、それだけではない。一般社会には、道徳的行為を推奨するために（あるいは少なくとも、不道徳な行為

から身を守るために)、法律というものが制定されているだろう。それと同じように、特定の社会でも礼儀正しい行為を推奨し、無作法をいましめる、暗黙の掟《おきて》のようなものがあるのだ。

こう書くと、法律と暗黙の掟をいっしょくたにするとは……と驚くかもしれないが、私には共通しているように思えるのだ。他人の所有地に侵入した不道徳な男は、法によって罰せられるだろう。それと同じように、他人の平和な私生活に、ずかずかと侵入した無作法な人間もまた、社会全体の暗黙の合意によって、追放されるのだ。

文明社会に生きる人間にとって、にこやかに振る舞う、相手に注意を払う、多少の犠牲は払う……といったことは、だれに強要されるでもなく、自然に身につく一種の暗黙の協定のようなものだ。それは、王と従臣が、庇護《ひご》と服従という、暗黙の協定で結ばれているのと何ら変わりはない。どちらの場合も、その協定を犯した者が、協定によって生じる利益を剥奪されるのは、当然の報いと言える。

私個人の考えを述べれば、**礼を尽くすことは、善行の次に、人々の心をとらえることではないかと思う。**私自身も、「アテネの将軍アリステイデスのようだ」という形容詞を頂戴すると一番嬉しいが、その次に嬉しいのが「礼儀正しい方だ」と言われることだ。そのくらい、礼儀というものは大切なものだ。

6 状況に即した礼の尽くし方

いわゆる礼儀全体の話をするのはこれくらいにして、次は、状況に即した礼の尽くし方に話を移そう。

目上の人に対しては優雅に振る舞う

はっきり目上とわかる人、公的な地位の高い人に対して礼を欠く人は、まずいない。要はそれをどう表すかだ。分別があり人生経験のある人物は、肩に力を入れずに、さりげなく、自然に最大限の礼を尽くすことができる。

ところが、立派な人たちとあまりつき合ったことのない人たちは、実にぎごちなく、はたで見ていても、勇気を振り絞っていることが痛々しいくらいにわかるものだ。

だが、かといって、尊敬する人を目の前にして、だらしなく腰かけたり、口笛を吹いたり、頭をかきむしるといった、無作法な行為をしている人を見かけたことはいまだかつてないから、目上の人の前で注意すべきことはただひとつ、**びくびくせずに力を抜いて、優雅に礼を尽くすことだ。**これは、よいお手本を観察し、自分も実際に真似して身につけていく以外ないだろう。

雑多な集まりでは「一線」を守る

特に目上の人がいない雑多な集まりでは、少なくともしばらくの間は、招待された人全員が同じ立場だと言っていい。この場合、畏敬の念や敬意を抱かねばならない人物は、原則的にはいないわけだから、行動も自由になりがちだし、いきおい身構えることも少なくなる。どんなつき合いにも、絶対守らなければならない一線というものがあるが、この場合も、それを守りさえすれば一応は何をしてもいい。

けれど忘れてならないのは、特に注意を向けなければならない人もいない代わりに、**だれもがひと通りの礼儀や気配りを期待しているということだ。**だから、注意力が散漫だったり、無頓着であることは許されない。

たとえばだれかが近寄ってきて、退屈な話を始めたとしても、君は、一応は丁寧に受け答えをしなければならない。うっかり話の内容を聞きもらしたりして、相手のことを馬鹿にしていることがバレたりすると、いくら対等とはいえ、それはもう「失礼」どころの話ではなく、「はなはだしく無礼」ということになる。

これは、相手が女性の場合など殊にそうだ。どんな地位の女性でも、注目するだけでは十分でなく、おべっかに近いまでの気配りが必要だ。彼女たちのちょっとした望み、好き嫌い、趣味、気まぐれのみならず生意気な態度にまで気を遣い、ちやほやし、できることならそれらを推測して話を持ちかけたり、お伺いを立てたりまでしなくては十分とは言えない。礼儀正しい人は、皆そうしている。

雑多な人間の集まりで礼を尽くすには、どうすればいいかをいちいち列挙するのは、きりがないだけでなく、君に対しても失礼だと思うので、これでやめておこう。あとは、君の良識で、利害を考えながらやってくれたまえ。

「身分や地位の低い人」をいざという時に敵に回すな

まちがっても、君は、君の部屋を掃除してくれるサボイ人や靴を磨いてくれる使用人より、生まれながらにして優れているなどとは思っていないだろうね。

天が君に授けてくれた幸運に、感謝するのはいい。けれど、不運な星のもとに生まれてしまった人たちを馬鹿にしたり、不必要なことを言って、かれらの不運を思い起こさせるようなことをしてはいけないよ。

私など、自分と対等の人に対する時以上に、身分や地位の低い人に対する態度には、気を遣っているよ。それは、その人の努力や実力云々とはほとんど無関係に、単なる運命のめぐり合わせだけで決定された身分や地位のちがいをことさら意識させて、つまらぬ自尊心を満足させているように思われたくないからだ。

ところが、若者たちは、とかくそこまで気が回らないものだ。命令的な態度や、権威をかさに着た断定的なもの言いが、勇気ある者、気概ある者の証しだと誤解しがちだ。気が回らないのは、注意が足りないせいもあるのだが、一般的には、気を回そうとしない、傲慢だ、身分が低いと思って馬鹿にしている、と受け取られてしまうことが多く、そうなったら最後、いつまでも敵意を抱かれる。もちろん、この件に関して悪いのは若者の方だ。相手を怒らせるのも無理はない。

身分や地位の低い人に気を回さないで、いったいどこに注意を向けているのかと言えば、それは一連の知人や、ひときわ目立った人たち——地位の高い人、とりわけ美しい人、人格者などだ。そして、それ以外の人には、注目の値なしとばかりに、ふつうの礼儀すらも欠いてしまう。

実を言うと、私も君の年の頃はまさにそれだった。魅力的な一部の人の心をつかむことにのみ必死で、あとの人は雑魚《ざこ》、一般的な礼儀すらも必要ないと考えていた。だから、閣僚や知識人や飛び抜けた美人など、華やかで目立った人物にばかりひたすら礼を尽くし、無思慮にも、そして愚かにも、ほかの人にはまったく礼を欠いて、その人たち全員を怒らせてしまった。

この愚行の結果、私は、男性にも女性にもたくさんの敵をつくってしまった。雑魚だと思っていたかれらが、私が一番評判を得たいと思った場所で、決定的に私の評判を引きずり下ろしたのだった。私は傲慢だと思われたのだ。でも、ほんとうは分別が足りなかっただけだったのだ。

古い格言がある。**人心をつかむ王こそ、一番安泰で権力を持ち続けられる王だ、**というものだ。家臣に好かれることはどんな武器より強い、家臣の忠誠がほしかったら、恐れられるより好かれろ、ということだ。同じことが位の低い我々についても言える。**人の心をつかむ術を知っているということは、何にもまして強い力を持っているということなのだ。**

「原石」のままで一生を終わらせるな

次に話をしたいのが、そんなところで足を取られるはずがない、という誤った思い込みからとんだ失敗をしてしまう例だ。そう、ごく親しい友人や、知人に対する振る舞いについてだ。

親しい間柄では、くつろいだ気分になっていい。また、そうなるのが当然でもある。そういう関係が、私生活に安らぎを与えることもたしかだ。

ただし、だからといって、**ふつうだったら絶対に踏み込んではならない領域まで踏み込んでいい、というわけではない。**言いたい放題に、好き勝手なことばかりしゃべっていると、親しい仲間との楽しいはずの語らいも、すぐに色あせてしまう（自由が過ぎると、思わず身を滅ぼしてしまうのと似ている）。

漠然とした話ではぴんとこないと思うので、ひとつ強烈な例を出してみよう。

たとえば、私と君がひとつの部屋のなかにいるとしよう。私は、自分が何をしても許されると思っているし、また君も好きなことをしてくれるものと思っている。その時、私が、二人の間には何ひとつ遠慮はいらないと考えているとしよう。はっきり言うが、そんなことはこれっぽっちも考えていない。

いくら君が相手でも、ある程度のエチケットは守らなければならないと思っている。

程度こそちがえ、それはほかの人に対しても同じことだ。万一この私が、君がしゃべっている間中ずっと、まったく別のことを考えていたり、君の目の前で大きなあくびをしたり、いびきをかいたり、粗相をしたりするようなことがあったら、私は、自分がなんて野蛮な振る舞いをしたのだろうと恥じ入るはずだ。そして、君の足が遠くことを覚悟するはずだ。

そうなのだ。**どんなに親しい間柄でも、それを壊したくなかったら、長続きさせたかったら、ある程度の礼儀は必要なのだ。**夫と妻が（男と女でもいい）、昼間と同じように夜を共に過ごす時、遠慮も何もすべてを取り去ってしまったらどうなるだろう。そう、仲むつまじさもやがて単なる馴れ合いになり、そのうちお互いに嫌気がさし、お互いを軽視するようになるにちがいない。

だれでも悪い面を持っている。それをさらけ出すのは、単に無作法であるだけでなく、無分別でもあるのだ。

いくら私だって、だからといって君を相手に、仰々しい礼儀作法を披露するようなことはしない。そんなことをしたら、見当ちがいもはなはだしい。君に対しては、それなりの礼を尽くす。そうすることが礼にかなったことだと思うし、また、お互いがいつまでもつき合っていきたいと思える状態でいるためには、そうすることが絶対に必要だ。

礼儀については、このくらいにしておこう。ただし、一日のうちの半分は、礼儀を身につけるための努力をしてほしい。

ダイヤモンドだって、原石のうちは何の役にも立ちはしない。値打ちはあるかもしれないが、磨かれて初めて人々の身につけられる。もちろんダイヤモンドが美しいのは、原石の硬さと、密度の濃さによる。けれど、研磨という最後の仕上げがなされないなら、いつまでも汚い原石のままで、せいぜいもの好きな収集家の陳列棚に入れられるくらいのものだ。

君も、中身は濃く堅固だ（と、私は信じている）。あとは、今までと同じくらい努力して、磨きをかけるだけだ。君が使い方さえ知っていれば、周りの立派な人々が君を見事な型に彫り上げ、真の輝きを磨き出してくれるはずだ。

第9章

わが息子に贈る「人生最大の教訓」

——人間、タフでなければ生きられない。

自分自身に欠けていたものが
息子に実現されるのを見ようとするのは、
すべての父親の敬虔《けいけん》な願いである。

ヨハン・ヴォルフガング・フォン・ゲーテ（詩人）

1 人生最大の教訓「物腰は柔らかく、意志は強固に」

いつも念頭において行動してほしいと、いつか君に紹介した言葉があったが、君は覚えているだろうか。その言葉とは、「**物腰は柔らかく、意志は強固に**」だ。これほど、人生のあらゆる場面で活用できる言葉はないと言っていいだろう。

今日はこの言葉について、年老いた説教師になったつもりで、説いてみよう。まず、この言葉を構成するふたつの要素「物腰は柔らかく」と「意志は強固に」について説明し、次に、このふたつが一体となった時どういう効果を上げるかについて、そして最後にその実践について言及してみたい。

物腰が柔らかいだけで、意志が強くなかったらどうなるか。ただ愛想がいいだけの、卑屈で、気が弱くて、消極的なだけの人間になり下がってしまう。意志は強いが、物腰の粗い人はどうだろう。そういう人は、猛々《たけだけ》しいだけの猪突猛進型の人間になるだろう。

ほんとうは、両方が揃っていることが望ましいのだが、そういう人はなかなかいない。意志の強い人がいたとしても、血気盛んな人が多く、物腰の柔らかさを「軟弱」と決めつけて、何事も力だけで押し進めようとする。こういう人は、内気で気弱な人が相手の場合は思い通りに事が運べても、そうでない場合は、相手の怒りや反感を買い、目的を達成することは難しい。

また、物腰の柔らかい人には狡猾な人が多く、そういう人は、すべてを人当たりの柔らかさだけで手に入れようとする。いわゆる八方美人だ。まるで自分の意志などないかのごとく、その場その場で、いくらでも相手に合わせていく。こういう人は、愚者はだませても、それ以外の人の目はごまかせず、すぐに化けの皮がはがれてしまう。

物腰の柔らかさと、意志の強さを兼ね備えることができるのは、強引な人でも八方美人でもない。賢者だけだ。

強い意志ほど「優しさ」で上手にくるめ

では、このふたつを併せ持っていれば、どういう利点があるのだろうか。

人に命令を下す立場にある場合、丁寧な態度で命令を下せば、その命令は喜んで聞き入れられ、気持ちよく実践に移されるだろう。ところが、頭ごなしに命じられたら、命令はいい加減に遂行されるか、途中で放り出されてしまう。

たとえば、私が部下に「ワインを一杯持ってこい」と乱暴に命じたとしよう。そういう命じ方をした時点で、私は、その男が私の上にワインをこぼそうとするであろうことを覚悟しておくべきだろう。そうされてしかるべきことをしたからだ。

もちろん、**命令を下す時には、「従ってもらう」といった、冷静かつ強固な意志を示すことも必要だ。けれど、それを優しさでくるんで、余計な劣等感を抱かせないよう、できる限り気持ちよく命令に従ってもらえるよう、配慮することも必要だ。**

それは、君が目上の人に何かお願いをする時や、当然の権利を要求する時も同じだ。

丁寧な態度でそれをしないと、もともと君の頼みを退けたがっている人に、格好の口実を与えてしまう。かといって、穏やかなだけでも事は成就しない。**けっしてあとへは引かないねばりと、品位を失わない執拗さで、意志がいかに強いかを示すことが肝要だ。**

人間、特に位の高い人は、道理にかなった理由で行動を起こすことはめったにないと言っていい。ふつうだったら正義のため、国の利益のためと言って退けるようなことでも、執拗さに負けたり、恨みを恐れてうなずいてしまうことが多々ある。

物腰を柔らかくして、かれらの心をつかむことだ。そうすれば、少なくとも断る口実は与えないですむ。

しかし、同時に意志の強さも見せて、ふつうだったら聞き入れてくれないようなことでも、面倒だから、恨みを買うのが恐ろしいから、という気持ちを起こさせて聞き入れてもらうといい。

身分の高い人は、人々の請願や苦情には慣れっこになっている。外科医が患者の物理的な痛みに不感症になっているのと同じで、一日中同じ訴えを受け、どれが本物でどれが偽物かの区別もつかなくなっているのだ。だから、ふつうに――公平な立場から、人道的な立場から――訴えたのではなかなか聞き入れてもらえない。ほかの感情に訴えるほかないのだ。

たとえば、物腰柔らかな態度で好意を勝ちとるとか、しつこく訴えて、もういい、わかったと屈服させるとか。あるいは、品位は落とさずに、聞き入れてくれなければ恨みますよ、とでも言いたげな冷ややかな態度を装って恐れを抱かせるとか。ほんとうの意志の強さとは、こういうものだ。けっしてむやみにごり押しすることではない。

物腰の柔らかさと、意志の強さを兼ね備えることこそ、軽蔑されることなく愛され、憎まれることなく尊敬の念を抱かれる唯一の方法であり、また、世の知恵者がこぞって身につけたがっている、威厳を身につける方法でもある。

「いつも道を譲ること」と「柔軟であること」は大ちがい

次は、実践に話を進めよう。

感情が高ぶって、思慮に欠けたことやぶしつけなことを口走りそうになったら、自分を制して、物腰を柔らかくすることだ。これは相手が目上の人でも、自分と対等の人でも、身分の低い人でも変わりない。**感情がほとばしりそうになったら落ち着くまで黙し、表情の変化を読み取られないよう、神経を集中させなさい**（表情を読み取られることは、ビジネスでは致命的だ）。

けれど、だからといって、**ここは一歩も譲れないというところでは、愛想よくしたり、優しくしたり、ご機嫌を取るなど、女々しく相手に媚《こび》を売るような真似だけはしないことだ。**

そういう時は、攻めの一手で、執拗に攻撃を繰り返すといい。そうすれば、手に入るものならば必ず手に入る。柔和で内気で、いつも道を譲るような人は、よこしまな人間、人の痛みを理解できない人間に踏みにじられ、馬鹿にされるだけだが、そこに一本強い筋が通れば、人々から敬意を抱かれ、たいていのことは思い通りになる。

友人や知人に対しても、それは同じだ。揺らぐことのない意志の力は、かれらの心を虜《とりこ》にするだろう。そして物腰の柔らかさは、かれらの敵を自分の敵にすることを防ぐはずだ。自分の敵に対しては、柔らかな態度で心を開かせることだ。
同時に、相手にこちらの意志の強さを見せ、自分には、憤慨すべき正当な理由があることを示すことも大切だ。自分は相手とちがって、悪意を抱いたりするような了見の狭い真似はしない、自分のしているのは思慮分別のある正当防衛だと、はっきりさせておくのだ。

仕事の交渉を思い通りに進めるコツ

仕事の件で交渉にあたる時も、**意志の強さを感じさせることを忘れてはならない。どうしても妥協しなければならない時が来るまで、一歩も退いてはいけないし、折衷案も受け入れてはいけない。**どうしても妥協しなければならない場合でも、**抵抗しながら、一歩一歩退くことだ。**

そうしながら、**穏やかな態度で相手の心をつかむことも忘れてはいけない。**相手の心がつかめれば、理解が得られて心が動かせるかもしれない。

潔く率直にこう言ってみるといい。多々問題はありますが、だからといって、貴殿に対する私の敬意に変わりはありません。むしろその反対に、今回の件での貴殿のご尽力を拝見して、そのお力のほど、熱意のほどには敬服しております。これほどのお働きをなさる方と、個人的にお近づきになれたらどれほど嬉しいかと、そう思っております、と。

このように「物腰は柔らかく、そして意志は強固に」を貫き通せば、たいていの交渉はうまくいく。**少なくとも、相手の思い通りにはならない。**

「北風と太陽」に学ぶ自分の意見の通し方

私がいくら「物腰を柔らかく」と言ったところで、**それがただ柔和なだけの優しさでないことは**、もう君にはわかっているだろう。そういうことではない。**自分の意見ははっきり言うべきだし、他の人の意見がまちがっていると思う時も、はっきりそう言うべきだ。**

私が問題にしているのは、その言い方だ。**それを言う時の態度、雰囲気、言葉の選び方、声の調子、それらすべてを柔らかく、優しくしなさい**ということだ。そこに気負いや無理があってはならない。自然でなければならない。

人とちがう意見を言う時も、優しく品位のある表情を浮かべて、言葉も穏やかなものを選ぶといい。

「僕がどう考えているかを聞かれたら、こう答えるでしょうね。もっとも、そう確信を持っているわけじゃありませんが……」とか、「はっきりとはわかりませんが、たぶんこういうことじゃないでしょうか……」といった言い方だ。軟弱な言い方だからといって、説得力に欠けるということはない。かえって北風と太陽よろしく、相手の心をつかむことまちがいなしだ。

議論は、気持ちよく終えることだ。自分も傷ついていないし、相手の人格を傷つけるつもりもないことを、はっきり態度で示しておく必要がある。**意見の対立は、一時的にであれ、お互いを遠ざける**から。

たかが態度と言うかもしれないが、態度だって、中身と同じくらい大切なこともあるのだ。好意のつもりでしたことが敵をつくり、意地悪でしたつもりが友だちをつくったりと、態度いかんでどのような受け止められ方もする。

表情、話し方、言葉の選び方、発声、品位、そういったものが柔らかければ「物腰は柔らかく」なり、そこに「意志の強さ」が一本通れば威厳も加わり、人々の心をひきつけることはまちがいない。

2 タフでなければ生きられない

世の中には、多少戦略的かもしれないが、**罪のない「生きる知恵」**のようなものがあり、それを知っていち早く実践した者が、多くの人々の心をつかんで一番に出世する、というようなことがあるのではないだろうか。若者は、とかくこういうものを毛嫌いしがちだが、私がこれから君に話そうとしていることも、あとになってから「知っておけばよかった」と思うことのひとつだと思う。

生きる知恵の根本は、**何といっても感情をおもてに出さないこと、言葉や動作や表情から、心が動揺していることを悟られないようにすること**だ。悟られたら最後、自己操縦のうまい、冷静な相手の意のままとなってしまう。これは仕事の場に限ったことではない。ふだんの生活でも、気づかれずに操られる可能性はいくらでもある。

嫌なことを言われると、露骨に怒りを表したり表情を変える人、嬉しいことを言われると、飛び上がって喜んだり、表情がゆるんでしまう人、こういう人は、狡猾な人間や、でしゃばりな気取り屋のえじきになりやすい。

狡猾な人は、故意にこちらを怒らせるようなことを言ったり、喜ばせることを言ったりして反応をうかがい、平静ならけっしてもらすことのない秘密を探ろうとする。

でしゃばりな気取り屋も同じことだ。ちがうのは、自分では気づかずに狡猾な人間と同じことをして、自分の利益にはできないで、周りの人々の利益に貢献するところだ。

自分の「性格」を言い訳に使うな

冷静か否かは、性格に負うところが多く、意志の力ではどうすることもできないのではないかと、君は疑問に思うかもしれない。たしかに冷静か否かは、性格に負うところが大きい。けれど私たちは、何でもかんでも性格のせいにして、言い訳しているようなところはないだろうか。

その気になって努力しさえすれば、少しは改善される部分があるのではないかと、私は思うのだ。ふつうの人は、理性より性格を優先させる習慣ができてしまっているだけで、努力すれば、その反対のこと、理性で性格を抑える習慣も身につくのではないか、そう思うのだ。

もし、突然感情が爆発しそうになって抑えきれなくなったら、感情が鎮まるまで、とりあえずは口を閉ざしていたほうがいい。顔の表情もできるだけ変えないことだ。常日頃から心がけていたら、きっとできるようになる。

いかにも利発そうなことや気の利いたこと、洒落などは、つい言ってみたくなるものだが、こういったものは称賛は浴びても、好意的に受け取られることはない。かえって敵をつくるだけだ。

反対に、もし君が当てこするようなことを言われたら、一番よいのは、**気づかないふりをすることだ。**直接的すぎてそれができない時は、仲間の笑いに加わって、言われた内容を認め、うまいけなし方だとほめて、穏やかにその場をやりすごすことだ。まちがっても、**同じ調子で言い返すようなことをしてはいけない。**そんなことをしたら、自分が傷ついていることを公表するようなもので、せっかくの苦労も水の泡になってしまう。

自分の「手の内」を読まれるようでは、いい仕事はできない

交渉事では、血気盛んな人物と対峙する時ほど、いい結果が得られることはない。相手は血の気が多いから、ちょっとのことで心をかき乱され、あらぬことを口走った

り、表情に表したりする。そういう人には、思いつく限りのかまをかけて表情を観察するといい。必ずや真意がつかめる。**ビジネスでは、相手の手の内を読めるか否かが成功の鍵だ。**

自分の感情や表情を隠すことのできない人は、できる人の手玉に取られる。ほかのすべての条件が対等の時でさえそうなのだから、相手が凄腕《すごうで》の場合など、さらに勝ち目はない。

シラを切れと言うのですかと、君は言うだろう。けれどそうすることは、まちがったことではない。昔から言われている。心を読まれるようでは、人を制することはできない、と。私はもっと極端にこう言いたい。**心を読まれるようでは、何ひとつ仕事は成就しない、**と。

同じシラを切るにしても、手の内を読まれないようにシラを切るのと、相手を欺《あざむ》くためにシラを切るのとでは大ちがいだ。そしてまちがっているのは、後者のほうだ。人を欺くために感情を隠すのは、道徳にもとるだけでなく、さもしい行為と言わざるをえない。

かのベーコン卿も書いている。**相手を欺くのは、真の知的人間のすることではない。**手の内を読まれないように感情を隠すのは、トランプのカードを見せないようにするのと同じだが、相手を欺くためにそれをするのは、相手のカードをのぞき見するようなものだ、と。

政治家ボーリングブルック卿も、著書のなかで、次のように書いている（この本は、できる限り早い機会に、君に送るつもりだ）。

人を欺くために感情を隠すのは、短剣をふりかざすようなもので、好ましくない行為であるばかりでなく、不法行為でもある。短剣を使用したら最後、いかなる正当化も言い訳も通用しない。

一方、手の内を読まれないように感情を隠すのは、楯《たて》を持つようなもの、機密を保持するのは、甲冑《よろいかぶと》をつけるようなものだ。仕事では、ある程度感情を隠さなければ機密は保持できないし、機密が保持できなければ、仕事がうまくいくこともない。その意味では、貴金属に合金を混ぜ合わせて硬貨を鋳造《ちゅうぞう》する技術に似ている。

合金を少し加えることは必要だが、加えすぎると（秘密主義が進んで狡猾になり）、硬貨は通貨としての価値を失い、鋳造者の信用も失墜してしまう。

心のなかでどんなに感情の嵐が吹きすさんでも、それを顔や言葉に表さないよう、完全に自分の感情を隠せるよう努力しなさい。大変なことだが、できないことではない。知性ある人間は不可能には挑戦しないが、どんなに困難なことでも、追求する価値のあることなら、二倍の努力をしても必ずやり通すものだ。君も頑張ってほしい。

3 「許されるウソ」をうまく使えてこそ一人前

知らないふりをするということは、往々にして大変役に立つ知恵ではないだろうか。たとえば、だれかが何かを話そうとする時、知らないふりをする。その人が言う。「こんな話ご存知ですか」。君は答える。「いいえ」。たとえ知っていても、そのまましゃべり続けてもらう。

話すことに喜びを感じる人もいるだろう。知的な発見を話し、それによって自尊心を満足させたい人もいるだろう。こんな大切な話を教えてもらえるほど、自分は信頼されているのだということを示したくて、しゃべる人もいるだろう（これが大部分か）。

君が「こんな話ご存知ですか」と尋ねられた時、「ええ」と答えてしまったら、そういう人を失望させてしまうだろう。そして、結局は、「気の利かない人」とけむたがられてしまう。

個人的な中傷や醜聞は、耳にたこができるくらい聞かされていても、心の許せる親友以外には、聞いたことがないというふりをしたほうがいい。こういう場合、たいていは、聞く側も話す側と同じくらい悪いと思われてしまう。だからそういう話題が持ち上がったら、ほんとうはどんなに信じていたとしても、**常に懐疑的なふうを装い、情状酌量の意見についたほうがいい。**

このように、いつも何も知らないということにしておけば、**ひょんなことから、ほんとうに知らなかった情報が完璧な形で入ってくることもあるだろう。**そして実は、これが、情報を集める最高の方法でもあるのだ。

無敵のアキレウスも戦場へ出かける時は「完全武装」をした

ほとんどの人間は、一瞬でも、どんなにつまらないことに対してでも、優位に立って虚栄心を満足させたいと願うものだ。だからほんとうは言ってはいけないことでも、相手の知らないことを、自分が教えられるということを誇示したいがゆえに、つい口をすべらせてしゃべってしまう。

そういう時、知らないふりを装うと、情報が得られること以外にも、得なことがある。**情報を入手することに無関心とみなされ、その結果、陰謀や悪だくみには無縁の人物のように思われることだ。**

とはいっても、情報は集めるべきだろう。聞きかじった情報は、詳しく調べなければいけない。情報を集める時は、賢い方法をとることだ。常時、あるいは始終聞き耳を立てたり、直接質問するのは、賢いやり方ではない。そんなことをしたら相手は身構えて、同じ話を何度も繰り返すなど、つまらない情報しか得られなくなってしまう。

知らないふりをするのと反対に、当然すべてを知っているというふりをするのも、時には効果がある。そう、その通りとばかりに、親切にすべてを話してくれる人もあれば、こんなふうに聞いたかもしれないけれど……などと言ってくれる人もある。知らないことはほかにないかと、あれこれ探りながら情報を与えてくれる人もある。

こういった、生活の知恵のようなものを上手に使いこなすには、**常時自分にも身の回りにも注意を注ぎ、冷静でなければならない。**

無敵だったアキレウスも、戦場に出かける時は完全武装した。**社会は君にとっては戦場と変わらない。**常に完全武装し、さらに弱点には、もう一枚余分に武具を取りつけるくらいの心構えがあっていい。**ちょっとした不注意、ちょっとした心の油断が命取りになる。**

4 社会では「コネ」も君の実力のひとつだ

この手紙は、モンペリエにいる君のところに届くのではないかと思う。願わくば、モンペリエでハート氏の病気も全快して、クリスマス前にはパリに着けることを祈っている。パリでは、是非君に紹介したい人が二人いる。どちらもイギリス人だが、注目に値する人たちだ。それぞれと親しくつき合うことを勧めたい。

一人は女性だ。といっても、女性として親しい関係を結べと言っているのではない。そちらのほうは、直接私の関与するところではない。それに残念ながら、彼女は五十歳を過ぎている。以前君に、ディジョンまでおもむいて会ってくるようにと言ったハービー夫人だ。幸運にも、パリでこの冬を過ごすという。

この婦人は、宮廷生まれの宮廷育ちで、宮廷のくだらない部分を除いたよい部分――礼儀正しさ、品位、親切さといったものを持ち合わせている。見識も高く、女性として読むべき本はすべて読んでいるばかりか、必要以上に読んでいる。ラテン語はお手のものだ。もっとも、人には悟られないように、上手に隠しているがね。

彼女は君のことを、自分の息子のように扱ってくれるだろう。君も、彼女を私の代理人と考えて、何でも当てにして相談し、お願いするといい。彼女のようにすべてを持ち合わせている女性は、ほかにいないと確信している。

君の受け答えのしかたや、物腰や作法などに欠けているところ、不適当なものなどがあったら、その度に注意してもらうようにお願いすることだ。ヨーロッパ中を探しても、彼女ほど、この役目を的確にこなせる人はいないと思うよ。

君に紹介したいもう一人の人物は、君も多少は知っている、ハンティンドン伯爵だ。私が、君の次に愛情を注ぎ、評価を与えている人物で、私のことを養子縁組をした父親のように慕ってくれ、また事実（嬉しいことに）、私をそう呼んでくれている。かれは優れた資質と広範な知識を備え、もしそれに性質を加えて総合評価を与えたなら、この国一番の立派な青年、ということになるのではないかと思う。

こういう人物と親しくしておくと、いつの日にか、必ずよいことがある。それに相手も私の心情をおもんぱかって、君と親しくつき合うつもりでいる。君のためにも、二人との関係を強め、その利用価値を高めようとしてくれるものと願っているし、そう信じている。

二通りのコネを賢く利用する

私たちのこの社会では、**縁故関係は必要だ。**慎重に関係を構築し、それをうまく維持できれば、そこに関与する者の成功はまちがいない。

コネといっても、二通りある。君には、そのちがいを常に念頭において行動してもらいたい。

まずは、**対等な縁故関係**だ。これは、**素質も力量もほぼ似通った二者が構築する、互恵的な関係で、割合自由な交流、情報交換が行なわれる。**これは、お互いの能力を認め合い、相手が自分のために進んで尽力してくれる、という確信がなくては成立しない。その底辺に流れているのは、相手に対する敬意だ。

そこには時として、互いの利害が対立するようなことがあっても、けっして壊れない相互依存関係があり、利害が対立しても、少しずつ譲り合って最終的には合意を生み、統一行動を取る。

私がハンティンドン伯爵と君に望んでいるのが、この関係だ。二人共、ほぼ同じ時期に社会に出る。その時、君に伯爵とほぼ対等の能力、集中力があれば、君たちは他の若者とも手を組んで、あらゆる行政機関から一目おかれる集団を結成することができるだろうし、またそれによって、共にのし上がっていくこともできるだろう。

もうひとつは、**対等でないコネ**だ。**地位や財産が片方にあり、もう一方には素質や能力がある**という場合がそれだ。この関係では、恩恵にあずかれるのは片方だけで、その恩恵も、表面に出ないように巧みに覆われていることが多い。

恩恵にあずかる側は、相手のご機嫌をうかがい、気に入られるように振る舞い、相手の優越感をじっと耐え忍んでいる。恩恵を与える側は、核心を操られて頭が言うことをきかない状態で、自分では相手をうまく操っているつもりなのだが、ほんとうはそう思い込まされているにすぎず、相手の思い通りに踊らされている。こういう人は、巧妙に操りさえすれば、操る側に大きな利益をもたらすことが多い。

こういう例については、前に一度君に書いたことがあったと思うが、そのほか、二十も三十も似たような例はあると思う。そのくらい、片方だけに利益をもたらすこの関係は、一般的になっているということだろう。

5 ライバルにどうしたら勝てるか

自分の嫌いな人に思慮深い態度で接するには、どうしたらいいかを知っておくことは、何にもまして大切なことだ。

ところがそれがわかっていても、いざ実践となると、なかなかうまくいかないのが若者たちだ。かれらはちょっとしたことで頭に血がのぼり、後先がわからなくなってしまう。仕事の場でも、恋愛沙汰でもそうだが、自分の考えを批判するようなことを言われようものなら、その場で相手のことを嫌いになってしまいがちだ。

若者にとっては、ライバルも敵と同じだ。目の前に現れると、せいぜいよく振る舞えてぎごちなく冷たい態度、たいていはぶしつけな態度を取り、なんとか相手を打ちのめす手はないものかと考える。

これは目茶苦茶な論法だ。相手にも、好きな仕事や女性を選ぶ権利はある。それに、そんなことをするのは洞察力が足りない証拠だ。**ライバルに冷たくしたところで、願いがかなうわけではない。それどころか、ライバル同士が角突き合わせているところへ第三者が入ってきて、うまいところだけ持って行ってしまうことは往々にして起こりうる。**

もちろん事態は、そう単純ではないだろう。それは認める。どちらもそう簡単に方向転換できるわけではないし、仕事にしろ恋愛にしろ、あまり触れてもらいたくない、微妙な問題にはちがいない。けれども、原因は取り除けないにせよ、結果がどうなるかくらいはわかってもよいはずだ。

仮に二人の恋敵がにらみ合っているとしよう。二人が不機嫌な顔をしてそっぽをむいたり、ののしり合ったりしていれば、その場に居合わせた人たちは、嫌な思いをするにちがいない。そして、お目当ての婦人も嫌な思いをするだろう。

けれどどちらか一方が、心のなかはどうであれ、表面的には恋敵ににこやかで自然で気負いのない対応ができたらどうだろう。もう一方の人物がみすぼらしく見え、お目当ての女性は、にこやかに応対するほうに好意を寄せるだろう。一方、にこやかにされた側は、にこやかさを自信の表れと受け取り、その女性を責めるにちがいない。その女性もそういった理性のない態度に腹を立て、二人の仲は険悪になるだろう。

よきライバルの存在が仕事の成功の鍵になる

仕事のライバルでも同じだ。**自分の感情を抑え、表面を冷静にとりつくろえる人は、ライバルに勝つことができる。**

フランス人は「いんぎんな態度」という言葉を好んで使うが、これは、恋敵に嫌悪感を露骨に表すような心の狭い人間には、とりわけ優しい態度で接しなさいという意味だ。わかりやすく説明するために、私の経験談をお話ししよう。君が同じような状況に立った時、思い出して役に立ててほしい。

私が、オランダのハーグへ行って、オーストリア継承戦争への全面参戦を要請し、具体的に、軍隊の数を決めるなどの交渉をまとめてきた時の話だ。

ハーグには、君もよく知っている大修道院長がいて、フランス側に立って、なんとかオランダの参戦を阻止しようとしていた。私はこの大修道院長が頭脳明晰で心も温かく、勤勉な人物と聞くに及んで、お互い宿敵同士、親交を深めることのかなわぬ身をひどく残念に思ったことだ。けれど、第三者の設けた何かの席で初めてかれを見かけた時、私はある人物を介して紹介してもらって、こう言った。

国同士は敵対していますが、私たちなら、それを超えてお近づきになれるのではないかと思っています、と。大修道院長も、自分もそう思います、と丁重な態度で答えてくれた。

それから二日後だったが、私が朝早くアムステルダムの議会におもむくと、そこには、すでに大修道院長が来ていた。私は、大修道院長と面識があることを代議員たちに話して、柔和な笑顔でこう言った。

「私の宿敵がここにいるのを見て、大変遺憾に思っております。と申しますのは、この方の能力は、すでに私に畏怖の念を抱かせております。これでは公平な戦いにはなりません。どうかこの方の力に屈服なさらずに、この国の利益だけをお考えになりますよう」と。

この日、これだけのことが言えなかったとしても、最後のひと言だけは、石にかじりついても言ったと思う。

私の言葉に、その場にいた人全員が微笑んだ。大修道院長も、私から丁寧な賛辞を送られたことにまんざらでもない様子を示し、十五分ほどすると、私を残してその場を立ち去った。

私は説得を続けた。前と変わらぬ調子で。とは言っても、前よりは真剣に。

「私がここへ参りましたのは、オランダの国益を考えてのこと、その一点に尽きます。私の友人は、皆様の目をくらませるために虚飾が必要でした。でも私は、いっさいそういうものを取り除いてお話ししたいと思います」と。

私は目的を達成した。そしてその後、大修道院長とも同じ調子でつき合っている。第三者の設けた場所で会った時など、今も変わらず気取りのない丁寧な態度で接しては、かれの近況などを聞き出している。

一人前の「男子」としての潔い身の処し方

一人前の立派な人間がライバルに対して取る態度には、二通りある。**極端に優しくするか、打ちのめしてしまうかだ。**

もし相手が手を替え品を替え、故意に君を侮辱したり軽蔑したりしたら、迷うことはない、打ちのめしていい。けれど傷つけられた程度なら、表面上はきわめて礼儀正しく振る舞うことだ。そのほうが相手に対する仕返しにもなり、おそらく自分のためにもなるだろう。

これは、相手を欺くことにはならない。君がその人の価値を認め、友だちになりたいというのなら、卑怯な態度かもしれないが、そんな人とは友だちにならないほうがいいし、私は勧めない。

公の場で、あからさまに失礼な態度を取る人に丁寧に話をしても、責められるはずはない。ふつうは、その場を丸く収め、周りにいる人に嫌な思いをさせないように努力しているだけだ、というふうに見なされる。世間には、個人的な好みや嫉妬のために市民の生活を乱してはいけない、といった約束事のようなものがあるからだ。それを平気で侵す者は世間のもの笑いの対象となり、同情されることはない。

実社会は意地悪、憎しみ、恨み、嫉妬などが渦巻いているところだ。努力家よりは数は少ないが、実だけを摘み取っていく、ずる賢い人間もいる。また浮き沈みも激しい。今日浮かんだと思ったら、明日にはもう沈んでいる。

こんななかでは、**礼儀正しさや物腰の柔らかさなど、実質とはあまり関係ない装備を身につけなければ、生き残ることは難しい。味方だって、いつ敵になるかわからないし、敵だって、いつ味方になるかわからない。**だからこそ、心で憎みながら表面はにこやかに接し、愛しながら、慎重になることが必要なのだ。

6 わが息子へのもうひとつのアドバイス

もはや君は、社会人としての第一歩を踏み出した。いつの日か君が大成することを、私は願ってやまない。この世界では、実践が何よりの勉強だ。しかし同時に、**あらゆることに対する気配りと集中力が必要だ。**

手紙を書くことに例を取り、君へ助言しよう。これには、社会人の常識として身につけるべき要素がうまく集約されていると考えるからだ。

まず**ビジネスレターを書く時は、明晰《めいせき》であることが大切だ。**世の中で一番頭の鈍い人が読んでも、意味を取りちがえたり、意味がわからなくて、もう一度初めから読み直すようなことがないくらいに、明確に書かれていなくてはならない。そのためには、**正確であることが必要だろう。品位もあるに越したことはない。**

ビジネスレターでは、私信で喜ばれることの多い（的確に使われればの話だが）**隠喩や比喩、対照法、警句などを使うのは、場違いな感じがしておかしい。**むしろすっきりと品よくまとまり、隅々まで配慮が行き届いていることが望ましい。服装にたとえて言うなら正装している感じがよく、着飾りすぎていたり、だらしなさすぎるのはよくないのだ。

また自分で文章を書いたら、**段落ごとに第三者の目で読み返し、別の意味に受け取られそうなところはないかを点検**することだ。

代名詞や指示代名詞には気をつけたほうがいい。「それ」「これ」「本人」等々を多用して誤解を招くくらいなら、多少冗長《じょうちょう》になっても、はっきりと「××氏」「○○の件」と明示したほうがいい。

ビジネスレターだからといって、丁寧さや礼を欠いていいということはない。それどころか、「お見知りおき願える栄誉に浴し……」や「意見を述べさせていただくなら……」のように、**敬意を表すことは不可欠だ。**

海外にいる外交官は、国内に手紙を送る時は、たいてい目上の閣僚か支援者（あるいは支援者になってほしい人）に書くことが多いから、特にこの点には気をつけなければならない。

便箋の折り方、封のしかた、宛名書《あてな》き、そういうものにも、その人の人格が現れるものだ。よい印象を与えるもの、悪い印象を与えるもの、様々ある。君はそう思っていないようだが、そういうことにまで心を配ることを忘れないように。

ビジネスレターに必ずなければならないものではないが、**あったほうが望ましいのは、品格だ。**華美にならないで達筆であることは、その意味では大切な要素だ。けれどこれは、ビジネスレターとしては総仕上げとも言うべきものなので、まだ土台のでき上がっていない君に、こういう飾りの部分まで気を遣いなさいと言うのは、今はやめておこう。

文字にしても文体にしても、飾りすぎては逆効果だ。簡素にして上品、かつ威厳を感じさせるものが一番いい。そういう手紙を書くように心がけることだ。

文章の長さは、長すぎてもいけないし、短すぎてもいけない。意味が不明瞭にならない程度の長さが好ましい。君はよく綴りをまちがえるが、あれも失笑を買うもとだ。気をつけなさい。

君の文字がどうしてあんなに汚いのか、私にはどうしてもわからない。ふつうに目と手の使える人は、美しい文字を書けるはずだと思うのだが。私としては、君がもっと上手になるのを祈るしかない。

「小事の時の大心者、大事の時の小心者」になるな

私は何も、書き方のお手本のように一字一字丁寧に、しゃちほこばって書きなさいと言っているのではない。社会人は、速く美しく書けなければならない。それには実践あるのみだ。

今のうちに、美しい字を書く習慣を身につけておくといい。そうしたら、身分の高い人に手紙を書く必要が生じた時も、字のようなささいなことに煩わされずに、内容だけに集中できるだろう。

若い時の修業が足りなかったために、いざという時に小事にのみ心を奪われ、大事を操る能力に欠けていて、人々の嘲笑を受けた男がいる。この人物は、「小事の時の大心者、大事の時の小心者」と呼ばれたそうだ。**大事に対処せねばならない時に、小**

事にばかり心をとらわれたからだ。

君は今、小事ばかりに対処すべき時期、地位にある。今のうちに、**小事をうまく仕上げる習慣を身につけておいたほうがいい。**やがて君にも、大事を任される時がくるかもしれない。その時になって、小事に煩わされずにすむよう、今から用意しておくのだ。

訳者解説

限りない愛情と人間知に満ちた「息子への手紙」

これはイギリスの政治家で文人のフィリップ・チェスターフィールド（一六九四—一七七三）の、世界的名著として評価の高い、『息子への手紙』（"Letters to His Son"）（一七七四）の訳である。

すなわち彼は今から三百年近くも前の人である。彼が活躍した頃のイギリスは、(注)ロバート・ウォルポール（一六七六—一七四五）のもとで、一七二一年以来二十年あまりも続く自由と繁栄を楽しんでいた。

ケンブリッジ大学を中退したチェスターフィールドは大陸旅行をし、パリに長く滞在した。ルイ十四世のもとで、その頃のフランスは世界一の文化国家であった。それに比べてイギリスは、次々と大陸から輸入された王が英語すら話せないという状態であり、経済的にも貧しかった。『ガリバー旅行記』で知られたジョナサン・スウィフトが英語の野蛮さに腹を立て、サミュエル・ジョンソンが一七五五年に、商業ベースで最初の権威ある英語の辞書を作り上げた時代であった。

若き日をパリで過ごしたチェスターフィールドが、フランスの教養・趣味・やり方に、一生敬意を払い続けたのも無理はない。

一七二六年に伯爵家を継いだ彼は、一七二八年にオランダ大使となり、一七三二年までハーグに駐在した。その間に一人の女性との間に生まれた男の子がフィリップ・スタナップであり、彼こそがチェスターフィールドからの手紙を受け取った「息子」であった。

スタナップはチェスターフィールドがオランダを去る一七三二年に生まれている。チェスターフィールドはその後政界に入り、一七四五年から四六年へかけてはアイルランド総督、四六年から四八年へかけては大臣を務めた。しかしやがて耳が不自由になったために、徐々に政界から退いた。

チェスターフィールドやウォルポールの時代は重商主義の時代と呼ばれる。富裕な市民や近代的な地主を基盤として議会制度を確立し、外国との条約を結ばず戦争をせず、大国フランスとの協調を第一とし、こうして浮いた金のことごとくを経済発展にそそいだ。ジェームズ・ワットによる蒸気機関の改良その他が進み、チェスターフィールドが亡くなる頃にはすでに、イギリスは世界一の工業国で議会主義の国になっていた。

フランスのアカデミー・フランセーズのような公的機関に頼ることなく、ジョンソンが商業ベースで最初の権威ある英語辞書を作れたのも、こういう歴史的事情があったればこそである。

チェスターフィールドと彼の時代について、このように詳しく述べたのは、それによってこの本に対する理解が深まるからである。

彼の頃のイギリスと、物質的には何ひとつ不自由しない現在の日本はそっくりであり、またそれだけになおさらこの本が教育の荒廃が叫ばれている現代の日本の若者たちに役立つと考えるからである。

彼の時代が重商主義の時代であり、彼が政治家であったことを反映して、この『息子への手紙』は人間知で満ち満ちている。それは彼がこの本のなかでも軽蔑している、書斎に閉じ籠もったきりの学者などが容易にうかがい知ることのできない世界である。

たとえば、彼はすべての人はうぬぼれ（自尊心）を持っており、他人に何かを頼む場合などには、それに訴えるのがよいと言っている（第7章）。

いかにも彼らしい言い方であり、この点をとりあげて彼やこの本を非難する人もいる。しかしその非難は当たっていない。他人にものを頼むために急におべっかを使ってみても、その他人がこの『息子への手紙』を読んでいる場合には、そのおべっかにだまされたりはしないからである。

つまりこの本は「おべっかを使え」と教える本ではなくて、「おべっかにだまされるな」と教えてくれる本なのである。結局のところ、人にものを頼んで成功するための最善の方法は、それに先立つその人との長い交際によって、その人の信用を得ることである。その信用をどうしたら得られるかをもこの本は教えてくれる。長い間この本がイギリスの上流社会でのジェントルマンシップの教科書として使われたのもこの理由によってである。

父からこのような立派な手紙をもらった息子がその後どうなったかについては、私は詳しいことを知らない。

しかし、イギリスの心ある人たちは皆この本を読んだ。そのために以後イギリスは繁栄し、たとえば一八五九年にはサミュエル・スマイルズの『自助論』(竹内均訳・三笠書房刊)、ジョン・スチュワート・ミルの『自由論』とチャールズ・ダーウィンの『種の起源』が同年に出版されるといったことまでが起こった。

というわけで、この本から人生の教訓を得た日本の若い人たちが発奮して、第二のスマイルズ、ミルおよびダーウィンとなってくれることを望みたい。

竹内　均

(注) ウォルポールは、家柄を重んじたそれまでの上院中心の考えから、重点を下院へ移すやり方を取り、責任内閣制を確立した。伯爵家に生まれたチェスターフィールドは、このやり方に反対し、その意味ではウォルポールの政敵であった。

本書は、小社より刊行した同名の単行本を再編集したものです。

LORD CHESTERFIELD'S LETTERS TO HIS SON
by
Philip Chesterfield

わが息子《むすこ》よ、君《きみ》はどう生《い》きるか

著　者――フィリップ・チェスターフィールド
訳・解説者――竹内　均（たけうち・ひとし）
発行者――押鐘太陽
発行所――株式会社三笠書房
〒102-0072 東京都千代田区飯田橋3-3-1
電話：(03)5226-5734（営業部）
：(03)5226-5731（編集部）
http://www.mikasashobo.co.jp
印　刷――誠宏印刷
製　本――若林製本工場

編集責任者　本田裕子
ISBN978-4-8379-5770-6 C0030

三笠書房

自助論

S.スマイルズ【著】
竹内 均【訳】

「天は自ら助くる者を助く」――この自助独立の精神にのっとった本書は、刊行以来今日に至るまで、世界数十カ国の人々の向上意欲をかきたて、希望の光明を与え続けてきた。福沢諭吉の『学問のすゝめ』とともに、日本人の向上心を燃え上がらせてきた古典的名作。

武士道

新渡戸稲造【著】
奈良本辰也【訳・解説】

武士道の光り輝く最高の支柱である「義」、人の上に立つための「仁」、試練に耐えるための「名誉」――本書は、強靭な精神力を生んだ武士道の本質を見事に解き明かしている。英文で書かれ、欧米人に大反響を巻き起こした名著を、奈良本辰也が平易な文体で新訳。

T20027

三笠書房

自分の時間
1日24時間でどう生きるか

アーノルド・ベネット［著］
渡部昇一［訳・解説］

イギリスを代表する作家による、時間活用術の名著

朝目覚める。するとあなたの財布には、まっさらな24時間がぎっしりと詰まっている——

◆仕事以外の時間の過ごし方が、人生の明暗を分ける
◆1週間を6日として計画せよ
◆習慣を変えるには、小さな一歩から
◆週3回、夜90分は自己啓発のために充てよ
◆計画に縛られすぎるな……

自分のための人生
一日一日「自分を大事にして生きる」生活術

ウエイン・W・ダイアー［著］
渡部昇一［訳・解説］

自分らしく、人生で本当にやりたいことを実現するには？

全世界で三千万部以上のセールスを記録し、《自己実現》のバイブルとして、語り継がれる名著。

◆人に流されず、人に強くなる技術
◆未来のために「今」を浪費するな！
◆過去をとがめるな。過去から学べ
◆「きのう」の自分を超える
◆批評家になるより「行動する人」になる……

T20065